北天星座图
（以北天极为中心）

乌鸦座
室女座
长蛇座
天秤座
狮子座
天蝎座
巨蟹座
牧夫座
小犬座
大熊座
武仙座
双子座
蛇夫座
天龙座
小熊座
御夫座
天琴座
猎户座
天鹅座
英仙座
仙后座
人马座
金牛座
天箭座
波江座
白羊座
飞马座
双鱼座
宝瓶座
天炉座
鲸鱼座
摩羯座

宇宙中的地球

本书属于

....

....

图解万物运转的奥秘
宇宙中的地球

[瑞典]马茨·文布拉德 著

[瑞典]奥斯卡·荣松 [瑞典]安德斯·纽贝里 [瑞典]谢乐·索尔松 [瑞典]菲利帕·韦德隆德 绘

王峥 译

海峡出版发行集团 福建少年儿童出版社
THE STRAITS PUBLISHING & DISTRIBUTING GROUP | FUJIAN CHILDREN'S PUBLISHING HOUSE

Så funkar det! Jorden i Universum

Text © Mats Wänblad, 2021

Illustrations © Oskar Jonsson, Anders Nyberg, Kjell Thorsson, Filippa Widlund, 2021

Simplified Chinese rights have been negotiated through Chapter Three Culture

本作品简体中文专有出版权经由Chapter Three Culture独家授权。

Simplified Chinese translation copyright © 2025 by Look Book (Beijing) Cultural Development Co., Ltd.

著作权合同登记号：图字13-2024-003号

图书在版编目（CIP）数据

图解万物运转的奥秘. 宇宙中的地球 ／（瑞典）马茨·
文布拉德著；（瑞典）奥斯卡·荣松等绘；王峥译. --
福州：福建少年儿童出版社，2025.3
　ISBN 978-7-5395-8460-7

　Ⅰ.①图… Ⅱ.①马… ②奥… ③王… Ⅲ.①科学知
识—儿童读物②地球—儿童读物 Ⅳ.①Z228.1
②P183-49

　中国国家版本馆CIP数据核字(2024)第016177号

TUJIE WANWU YUNZHUAN DE AOMI YUZHOU ZHONG DE DIQIU

图解万物运转的奥秘·宇宙中的地球

著　　者：[瑞典] 马茨·文布拉德　著　[瑞典] 奥斯卡·荣松等　绘　王峥　译
出 版 人：陈远
出版发行：福建少年儿童出版社
社　　址：福州市东水路76号17层（邮编：350001）
选题策划：洛克博克
责任编辑：邓涛
美术设计：耿园园
电　　话：010-53606116（发行部）
印　　刷：深圳市福圣印刷有限公司
开　　本：635毫米×1040毫米　1/8
印　　张：14
版　　次：2025年3月第1版
印　　次：2025年3月第1次印刷
ISBN　978-7-5395-8460-7
定　　价：88.00元

马茨·文布拉德

本书作者。

宇宙的浩瀚超乎我们的想象，地球只是宇宙中一颗不起眼的行星。如果存在外星生物，它们会如何看待我们这颗美丽的星球？如果它们来地球进行第一次访问，我们该如何向它们介绍自己的家园呢？

这就是我创作这本书的初衷。希望你喜欢它——虽然你并非来自外太空。我这幅漫画肖像是由耶安内特·米尔德创作的。

奥斯卡·荣松

为"地球的历史"和"地球环境"两章绘制插图。

在这本书中，我描绘了发生在地球上的一些历史事件。想想看，曾经有多少动物出现过，又消失在了历史长河中。谁也没亲眼见过始祖鸟，不过我们可以展开想象：如果我们与始祖鸟相遇，它们或许不会表现出恐惧，说不定还会好奇地凑过来和我们打招呼呢！

菲利帕·韦德隆德

为"星空的传说""月亮的传说""气候和天气"三章绘制插图。

每年夏天，我都会在某个夜晚披上一条毯子，坐在星空下，任由千万星辰的光芒铺洒在自己身上。那感觉太奇妙了！你也可以在每年8月12日前后去试一试，在每年的那个时段，都会有一条彗星的彗尾掠过地球，当它与地球大气层发生摩擦时，壮观的流星雨就出现了。

安德斯·纽贝里

为本书导读，以及在"在时间诞生之前""太阳系""特别篇：时间"等章节绘制插图。

实际上，我与最早登陆月球的人类之一是亲戚呢。巴兹·奥尔德林是我的曾曾曾曾曾曾外祖母的外甥的重重重重重孙！啊，好吧，也不是非常近的亲缘关系……其实相当多的瑞典人都与巴兹有亲缘关系。他的祖父和祖母来自瑞典韦姆兰东部的一个村庄，并在19世纪末移居美国，但他的许多亲戚仍然住在瑞典。这么看来，月球旅行离我们也不算太遥远。

谢乐·索尔松

为"天穹中的光点""地球这颗行星""特别篇：宇宙中的生命""特别篇：未来"四章绘制插图。

想象一下，如果能够成为第一个探索地心的人，这将是何等荣耀啊！这正是我想去尝试的事情！尽管经过深思熟虑，我发现自己并没有行动的勇气，但是有些事情我还是可以做到的，比如前往埃及的阿斯旺和亚历山大，通过测量井里的阴影来计算地球的周长。杰出的古希腊数学家、天文学家埃拉托色尼在两千多年前就做到了这一点。他是怎么做到的呢？

在广阔无边的世界中
一颗非常小的星球

现在出发，让我们进行一次跨越时间和空间的神奇旅行。我们将回到宇宙诞生之初，前往太空深处，见证恒星和行星的诞生与消亡；我们将了解地球从诞生到慢慢转变为今天这颗美丽星球的每一步：浩瀚的海洋、炙热的沙漠、茂密的丛林和寒冷的极地，以及璀璨的城市如何在地球上形成。

地球那么大，任何人穷尽一生都不可能看清它的全貌。然而，我们的地球家园只是宇宙的微小部分，即使对于太阳系，地球也微不足道！

如果我们把太阳想象成一个足球，那么地球也就是距"足球"大概24米之外的一颗"绿豆"！就算如此，地球仍然是距离太阳最近的行星之一，而海王星是一颗距"足球"700多米外的"豌豆"。那么，距离太阳最近的恒星是哪一颗呢？嗯，它是一颗异常小的恒星，和"足球"太阳相比，它还不如乒乓球大。

宇航员从太空观测地球时，常会觉得它看起来渺小而脆弱。他们的感受没有错。我们人类的生活正以某种方式影响着地球，而且从长远来看，这种影响实际上威胁到了我们所有人的生存。我们需要做出改变，第一步是了解地球本身以及宇宙的其他组成部分，就像你想修理一台机器，必须首先知道它是如何工作的一样。

因此，请加入我们，踏上一段无与伦比的时空之旅。即便对于人类的大脑来说，并不是所有的事情都可以被理解，但每个人都应该知道，我们能够生存在这颗无与伦比的蓝绿色星球上，是一件多么神奇的事情。

放轻松，没有人可以一下就明白！

　　人类已经适应了地球生活。我们的大脑可以轻松地理解步行 1 千米的感觉以及 10 年大概是多长的一段时间。这对于人类的生存已经足够了，但对于理解宇宙的时间和空间还远远不够——甚至不够理解地球的时空。因此，如果你的大脑在阅读本书时开始抗议，请不要紧张，你并不是唯一一个有这样反应的人。大概没有任何人可以轻松理解这些事情，反正我不行。但是，尝试去搞懂这些，也是很让人兴奋的！

——马茨·文布拉德

目录

你可以在目录里看到本书中的所有章节，如果你想跳过某些内容，或者寻找一些你更感兴趣的东西，你会需要目录的。或者当你读完全书以后，需要回顾某些章节的内容，你也会用上目录的。

别忘了，很多章节的内容可不止一页哟！

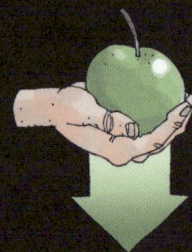

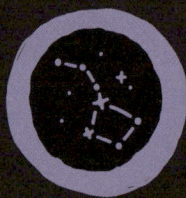

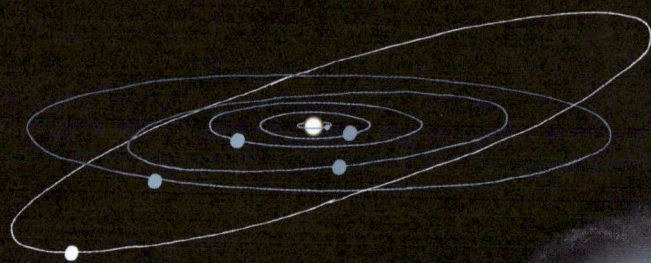

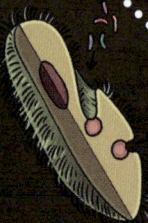

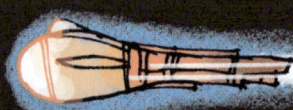

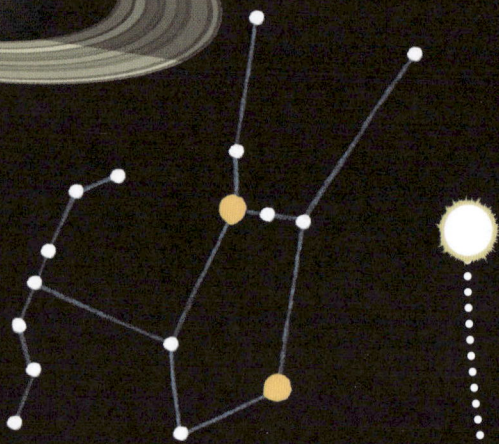

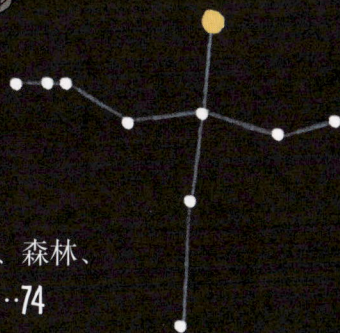

旅程从这里开始……

　　当我们仰望星空，我们常会感到自己如此渺小，渺小到……微不足道。或许你还会发出一声感慨——"为什么我可以在这里？"这种感受奇妙而恢宏。

　　你是宇宙的一部分，你属于一个比地球更广阔的世界。想一想，宇宙自诞生以来所发生的一幕幕，正是它们催生了你和我。

　　我们的旅程始于一个冬夜，始于闪耀的星空下。

　　你想加入这趟旅程吗？

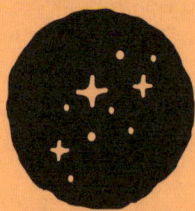

天穹中的光点

抬头看！

在繁星闪烁的黑夜，走出房间，去仰望星空吧。
这璀璨的星空难道不是美丽而激动人心的吗？在本章
中，你可以了解夜空中闪亮的星星。

北极星

仙后座　　　　　　　　　　天鹅座

北半球

南半球

全年可见的星星

在瑞典，一年四季都能看到的是那些离北极星很近的星座，例如
大熊座的北斗七星、仙后座（它看起来像字母W）和天鹅座。还有一
些星座，我们只有在一年中的部分时间可以看到，例如猎户座。冬天
时，猎户座在天空中的位置很低，很容易被看到。

不过如果你去了澳大利亚这样位于南半球的国家，星空看起来就
完全不同了。因为你在那里看到的大部分是南天的星空。

行星

我们通常看到的夜空中最亮的两个光点，其实是两颗行星。

金星如此明亮，以至于有时会在地球上投下阴影（金星并不是真的会发
光，那是金星表面反射的太阳光）。金星的最佳观测时间通常是在日落后不
久，但是在一年中的某些时候，你也可以在日出之前看到它。金星因此被称
为昏星和晨星（中国古代称之为长庚星和启明星）。

火星也常能被观测到——而且只需要使用普通望远镜就可以看到它微红
的颜色。即使火星位于距太阳较远的位置，我们也能较为清晰地观测到它。

土星有时用肉眼就能被观测到。借助小型天文望远镜，你甚至可以看到
美丽的土星光环。木星及其卫星也可以通过天文望远镜被轻松观测到。

一年中不同的时间里，我们观测到的行星的清晰度有所不同，具体取决
于它们与我们之间的距离。由于地球的自转，我们会发现它们在天空中的位
置也在变化。

银河

你在天空中用肉眼能看到的所有星
星，都位于银河系之中。我们的太阳是银
河系中数千亿颗恒星之一。

当夜空晴朗、满天星斗时，银河看
起来就像一条横跨天穹的光带。实际
上，银河系的形状更像是一个扁平的
圆盘，我们看到的只是盘形银河系
的边缘。

那么，在光带之外的星星呢？是
的，银河系看起来中间厚、周边薄，其
中绝大多数恒星都聚集在中心部分，而
地球所处的位置离中心较远。因此，无论
从地球去往银河系哪个方向，都还有非常
大的空间。

地球在这里！

恒星还是行星？

要怎么判断我们看到的是恒星还是行星呢？这样说吧，恒星是由炽热的气体构成的，是自身能发光发热的天体；行星则是自身不发光、绕着恒星运行的天体。恒星如此遥远，即使在望远镜中，它们看起来也只是一个个亮点，而来自这些"亮点"的光在穿过地球大气层时受到大气的扰动，看起来好像在闪烁。行星离我们更近，在望远镜中它们看起来更像圆盘，反射出许多光线，那些来自较近的行星的光线更不容易受到大气的影响。因此，观测天体是否闪烁是分辨恒星和行星的一种方法。

天狼星
——最耀眼的星

在所有我们看到的恒星中，
天狼星是除太阳外最亮的一颗。
天狼星位于大犬座。
从很容易找到的猎户座腰带上的三颗亮星开始，
沿着它们略微倾斜的角度向下看，
你会发现那里正好指向天狼星。
一个加分的额外知识：
猎户座腰带上的三颗星被命名为
参宿一（猎户座 ζ）、参宿二（猎户座 ε）
和参宿三（猎户座 δ）。

北极星

要想在夜空中寻找一些观测星星的规律，最好的方法就是先找到北极星。首先找到北斗七星（大熊座的一部分），在北斗七星的最后两颗星星上画一条线，然后沿着这条线一直延伸到小熊座的尾尖。北极星就在那里了！

星空差不多每天"旋转"一圈，而北极星看起来似乎静止不动，就好像其他星星都在围绕它旋转（实际上是地球自己在旋转）。

如果你以北极星为起点画一条直线，一直连到地平线，它将最终会到达北极。因此北极星指明了北方在哪里。这也是自古以来航海者使用的导航方式。

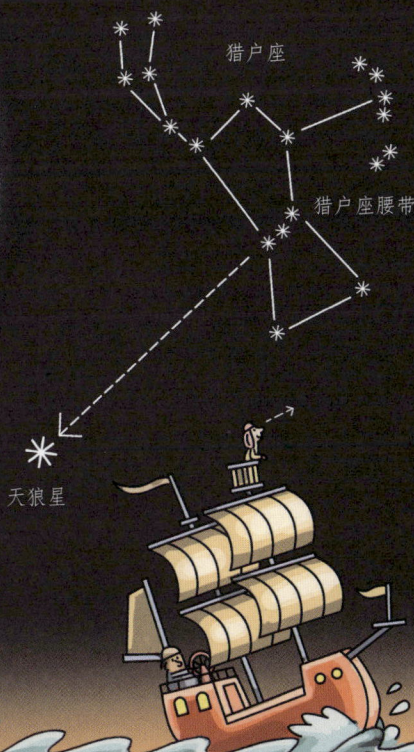

成为观星者

这里有一些实用的建议，提供给想要观察恒星和行星的小朋友：

选择一个云量少且能见度高的夜晚。

穿暖和的衣服，最好带些热饮，即使是在夏天——因为你不怎么活动，所以户外可能比你想象的要冷。

找一个路灯和其他干扰光源尽可能少的地方。最好在视野宽阔的高处。带一把折叠椅或其他椅子。如果是夏天，带上驱蚊剂也是个聪明的选择。

使用这本书中的或其他星图作为定位辅助工具，也许还可以使用带红光的手电筒（减少对夜视的干扰）。我们的眼睛需要一段时间来适应黑夜，所以不要太快放弃。

带上望远镜，最好是配备三脚架的天文望远镜，或者一个标准的双筒望远镜。观测时，将肘部支撑在某处，你会看得更清楚。

带上一位有耐心和方向感良好的成年人（这样你就不会迷路）——如果你家没有花园作为观星场地的话（如果有，那就关掉房屋内外所有的灯，这样你能看得更清楚）。

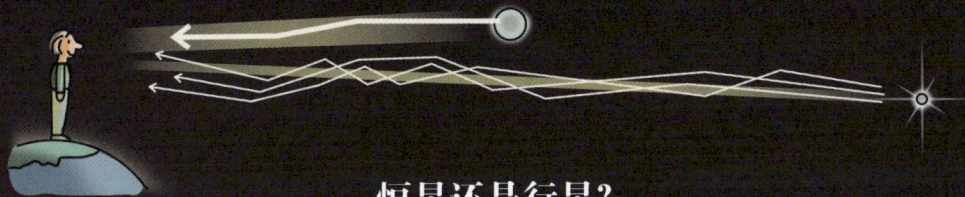

猎户座

猎户座腰带

天狼星

北极星发射的
光实际上来自
三颗恒星。

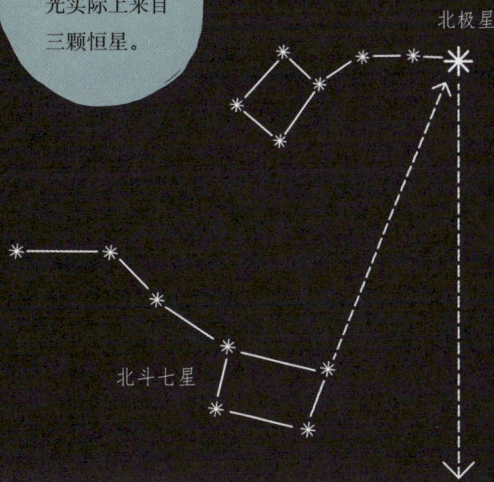

北极星

北斗七星

所有的恒星都和太阳有相似之处，这你肯定知道。我们的太阳也是一颗恒星。现在我们就仔细研究一下恒星吧，一起来！

一颗恒星的诞生与消亡

你知道离我们最近的恒星是哪颗吗？答案很简单，是太阳。
不过，恒星有许多类型，并不是所有恒星看起来都和我们的太阳
一样。让我们一起来探索恒星的诞生与消亡过程吧。

马头星云

我们能看到星云吗？

你可以找到许多令人兴奋的星云照片，如马头星云、蟹状星云和狼蛛星云。光听名字就能猜到它们看起来有多酷。

可惜的是，你必须拥有非常高级的望远镜才能亲眼看到美丽的星云。那些最美的照片都是太空望远镜拍摄的。

有一些星云可以用肉眼看到，尽管它们大多看起来像非常模糊的恒星。你还记得之前提到的猎户座吗？猎户座的腰带上挂着一把由三颗星体组成的"剑"。最中间的实际上是一个星云，即猎户座大星云。

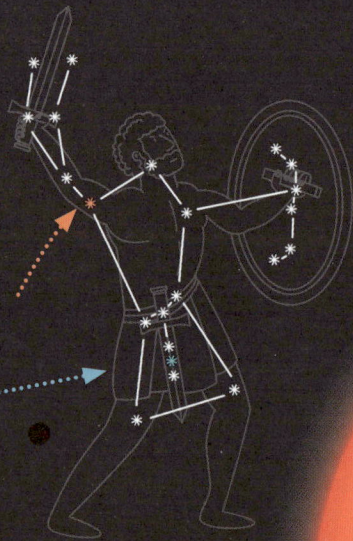

空旷的宇宙

人们常说太空是一个真空环境，即太空中完全不存在粒子。但事实并非如此，只是太空中的粒子很少，它们之间的距离又很远。尽管粒子如此稀少，不过它们的确存在。

太空中还有其他东西，也就是引力。引力使粒子相互吸引，所以引力会将这些粒子拉到一起，形成由稀薄的气体和尘埃结合成的云雾状天体。这类天体被称为星云。简言之，就像是散落各处的尘埃会变成一团尘埃。

恒星的诞生

随着时间的推移，星云会越来越厚重。其中的粒子四处移动并相互碰撞，使得星云内部的压力增加，温度上升。它就像一个旋涡，上升的压力使温度升高，升高的温度让粒子运动的速度更快，从而压力变得更大……现在，你应该明白了吧？

当星云中有足够多的物质，也就是粒子，新的（也是更重的）物质开始融合，并形成原子。大量的热和光被释放出来，一颗新的恒星就诞生了。通常一个星云中会诞生多颗恒星。

猎户座的右肩处是参宿四（猎户座α）。"剑"的中间是猎户座大星云。

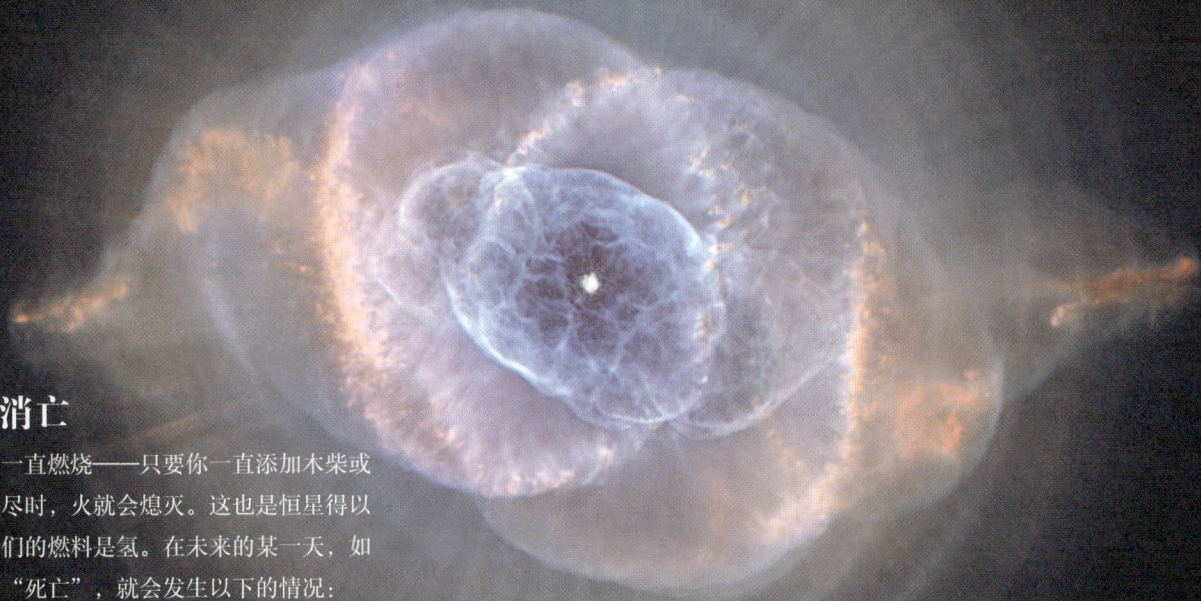

一颗恒星的消亡

一堆篝火可以一直燃烧——只要你一直添加木柴或树枝。可当燃料耗尽时，火就会熄灭。这也是恒星得以存在的方式，但它们的燃料是氢。在未来的某一天，如果我们的太阳濒临"死亡"，就会发生以下的情况：

1. 太阳中的氢逐渐燃尽。

2. 太阳膨胀成一颗红巨星。红巨星是指恒星燃烧到后期的一种状态。

3. 太阳的燃料完全耗尽。与此同时，它将大量气体抛入太空。气体继续消散在宇宙中，成为形成新恒星的材料。

4. 太阳只剩下了它的核心，变成了一颗小小的白色星体——白矮星。

5. 白矮星慢慢冷却，直到不再发出任何光热。最终它变成了一颗黑矮星。

小恒星和大恒星

太阳是一颗相当普通的恒星，体积略大于恒星的平均值。恒星的体积很重要，体积越大，它的寿命就越短。

真正的大恒星在它们膨胀并最终爆炸之前只存在几百万年，而像太阳这样的恒星可以存在更长的时间——大约100亿年。由于太阳才诞生了大约46亿年，我们还要经过很长的时间才需要担心太阳的消亡。

没能实现聚变的恒星

恒星需要达到大约太阳质量的十分之一时才能开始聚变（也就是令恒星如此明亮的过程）。否则，这颗恒星会缓慢冷却并收缩成一颗与木星大小相当的褐矮星。褐矮星很难被发现，因为它们的光芒非常微弱，但天文学家认为它们的数量至少与其他类型恒星的总和一样多。

参宿四（猎户座 α）的半径大约是太阳的1 000倍。

参宿四（猎户座 α）是一颗红超巨星。

巨星

当那些巨大的恒星接近"死亡"时，它们会形成超新星、中子星和黑洞。我们所知道的最大的恒星之一是位于猎户座右肩的猎户座 α。它剩下的时间不多了，一旦它变成超新星……请翻到第 17 页，看看那时会发生什么。

接下来，我们将仔细观察那些在夜空中运行的星体。一起来吧！

星星会坠落吗？

这是小概率事件，但如果你想要了解一些新奇的事情，不要错过下面的内容。

彗星

有些围绕太阳运行的天体，运行的轨道非常长，例如彗星。某些彗星在其轨道上运行一圈可能需要几千年。在中途，它们甚至可能离开太阳系，不过有些还是会被引力拉回来的。

彗星靠近太阳时，会吸收太阳的热量，因此，它表面的冰和干冰便会升华。太阳风迫使气体和被吹走的尘埃粒形成彗星的彗尾，看起来像尾巴一样。彗尾并不是像人们想象的那样，朝着彗星行进的反方向伸出，而是始终指向背离太阳的方向。

小行星

在火星和木星轨道之间有一个叫作小行星带的区域。这个名字很恰当，因为小行星带的成员都是小行星——它们是体积太小而不能被称为行星的固态天体，不过它们也在围绕太阳运行。

小行星有时会偏离轨道，这可能是因为它与另一颗小行星产生了碰撞。在最坏的情况下，它最终可能会撞击某颗行星。

大约6 600万年前，地球曾发生过一次撞击事件。当时，一颗直径约10千米的小行星撞上了地球，撞击地点大概就位于现在的墨西哥。结果呢？有科学家认为这导致了恐龙灭绝。

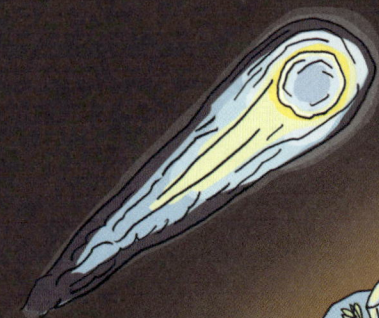

流星体、流星还是陨石？

是呀，它到底叫什么？这三个名称对应着不同的状态。当石块在外太空中移动时，它被称为流星体；当它落入地球大气层并开始燃烧时，它被称为流星；如果它没有燃尽，其中的一部分最终降落在地球上，那么它就变成了陨石。

流星体　　　　　流星　　　　　陨石

流星

有些人认为，你在星星坠落时许下的愿望一定会成真。不过，流星并不是"星"，而是来自外太空的石块，通常和一块砾石差不多。当它落入地球大气层时，它会因突然出现的空气阻力而开始燃烧。从地面向天空看，它就像是在天空中快速划出的一道亮线，这就是通常所说的流星。当你看到流星时，你也可以许下愿望，这或许会灵验呢。

极光

极光是最引人注目的天文奇观之一。有时它看起来像飘动的巨大帷幕，有时它更像是耀眼的光束或光带。黄绿色是极光最常见的颜色，但极光的颜色也有红色或蓝紫色。

当来自太阳的带电粒子到达地球时，就有可能出现极光。这些粒子被地球磁场捕获，并被带到地球两极。它们在那里与地球大气层中的原子和分子碰撞摩擦，并放射不同颜色的光芒。离地球北极或南极越近，看到极光的机会就越多。

人造卫星

你是否在傍晚的天空中看到过缓慢移动的光点？这个光点从地平线的一侧移动到另一侧，通常只需要几分钟。它看起来像一颗星星，不过它在快速移动。它不是飞机，因为飞机通常移动得更快。

如果是这样，那么你看到的可能是一颗人造卫星，它在环绕地球的轨道上发送和接收信息。它可能是传送无线电信号的通信卫星，也可能是观测大气层变化的气象卫星。

人造卫星会发光吗？它们其实并没有发光，那只是它们反射的太阳光。人造卫星的轨道高度很高，即使我们所在的地方已经夜色沉沉，太阳的光线依然能照射到它们身上。

北极光、南极光还是极光？

在瑞典，人们将这种现象称为北极光，因为那里离北极很近；但在南半球，它却被称为南极光。如果你想同时描述北极光和南极光，那你就说极光。如果你想使用听起来很优雅的拉丁语名字，可以分别用aurora borealis（北极光）、aurora australis（南极光）和laurora（极光）。

夜空中还充满了神秘的事物。一些我们看不到的东西，有时甚至无法解释。如果你有勇气探索的话，请翻到下一页。

太空的秘密

你可能认为数以百万计的可见恒星已经超乎想象了，但其实这不算什么，还有许多秘密藏在宇宙的深处。跟随我的脚步，一起揭开宇宙中那些惊人的真相吧。

你是不是以为在本节可以找到不明飞行物（UFO）的相关内容？这么有意思的东西得留在后面探讨。

黑暗的一面

在繁星点点的夜晚（最好在新月出现时的前后几天，也就是月光最弱的时候），你可以亲眼见到银河系中被称为暗星云的模糊区域。那是一大片黑暗的星际尘埃，我们之所以能看到它，是因为它挡住了恒星的光亮。

以马头星云为例，用天文望远镜观测，它的轮廓清晰可见，那是因为它后面有一个发光气体区域。你可以在参宿一（猎户座ζ，猎户座腰带上三颗星中最左侧的那颗）的下方找到这团星云。

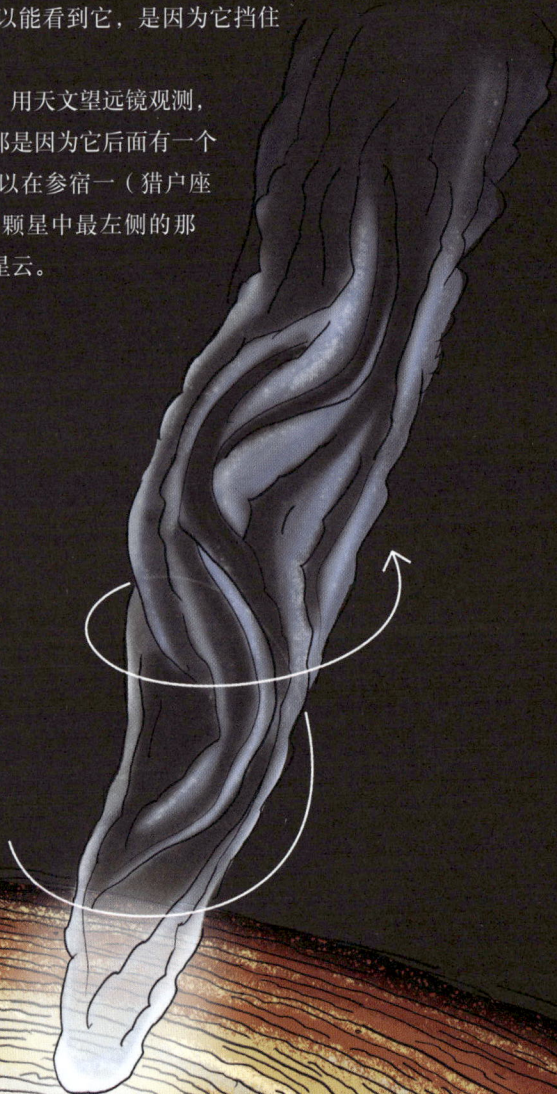

黑洞

宇宙中最可怕的存在之一是黑洞。

像参宿四（猎户座α）这样的红超巨星在爆炸之后急剧收缩，就会形成黑洞。如果地球被压缩成黑洞中的物质，那么它的直径不会超过2厘米，也就像下图中这么大。

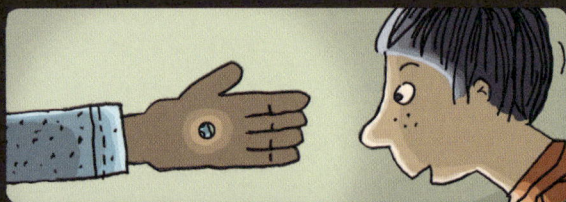

黑洞的引力非常强大，靠近它的一切物质都会被它吸入，就此永远消失。就连光线都不能从它周边逃脱，所以你根本看不到黑洞。

那我们怎么知道它真的存在呢？实际上，我们是通过观测黑洞周围的情况，推算出那片区域中间一定有一个引力非常强的东西，强大到它甚至可以吞噬光。否则的话，所有计算就都不能成立了。黑洞就这样被我们发现了。

类星体——死亡等候区

黑洞附近的恒星和行星最终将被吸入一个旋涡，并被引向旋涡中心。在这个过程中，它们被加热到数万亿摄氏度，并在黑洞周围形成一个发光圆盘，也就是一个类星体。类星体是宇宙中最亮的物体，但它们离地球非常非常遥远，所以只能通过强大的天文望远镜才能看到它们。

1604年爆发的超新星以天文学家约翰内斯·开普勒的名字命名。

大多数星系的中心都有一个黑洞，它的引力有助于将星系内的星体凝聚在一起。上图就是银河系的样子。

你能在北半球的夜空中找到仙女座，那里有并排的三颗星。就在三颗星中最后一颗的上方，朝向仙后座的方向，有仙女星系。

草帽星系（在室女座和乌鸦座之间）的中间有一个超大质量黑洞。它边缘的尘埃带使它看起来有点儿像一顶草帽，草帽星系因此得名。

其他星系

所有我们肉眼可见的星星都属于我们自己的星系——银河系。银河系中大约有1000亿~4000亿颗恒星，但在浩瀚的宇宙中，可能还有2万亿个星系存在！

大多数星系都是由众多发光恒星组成的，但是为什么我们在天空中看不到它们呢？因为距离。距离银河系最近的是仙女星系，通常只有使用望远镜才能看到它。在视野清晰的时候，我们可能不需要望远镜也可以看到它，但你看到的不过是一个模糊的小光点。

超新星

超大质量恒星死亡时，都会发生爆炸，成为超新星。在地球上不使用天文望远镜就能直接观测到超新星的情况很少见。上一次是在1987年，再上一次则是在1604年。

天文学家认为，参宿四（猎户座α）随时可能死亡。它变成超新星时，会比满月更亮，即使在白天也可以看到它发出的光芒。但几年之后，参宿四将变得完全不可见，猎户座也就随之失去了右肩。

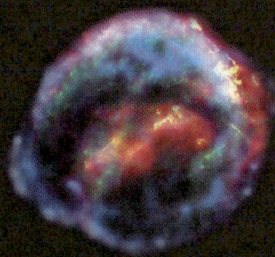

来自外太空的一声"嗨！"

1967年，年轻的天文学家乔瑟琳·贝尔接收到从外太空传来的有规律的快速脉冲信号。这是来自智慧生物的讯息吗？并不是，这个信号来自一种叫作脉冲星的特殊中子星。

所有的脉冲星都是中子星，直径大约只有10千米。它们快速旋转，并从两个磁极发射辐射束。其中一些到达地球，被当作脉冲信号。

脉冲星旋转的速度有多快？有些每秒自转可达1000周！

开普勒超新星爆发后，残余核心的样子。

不过，宇宙是如何起源的呢？继续阅读，你马上就能得到答案。

宇宙的历史......

大爆炸后约3亿年：
最古老的恒星形成

大爆炸后约20分钟：
宇宙的组成物质全部出现

大爆炸后约3分钟：
原子核形成

约137亿年前：
大爆炸

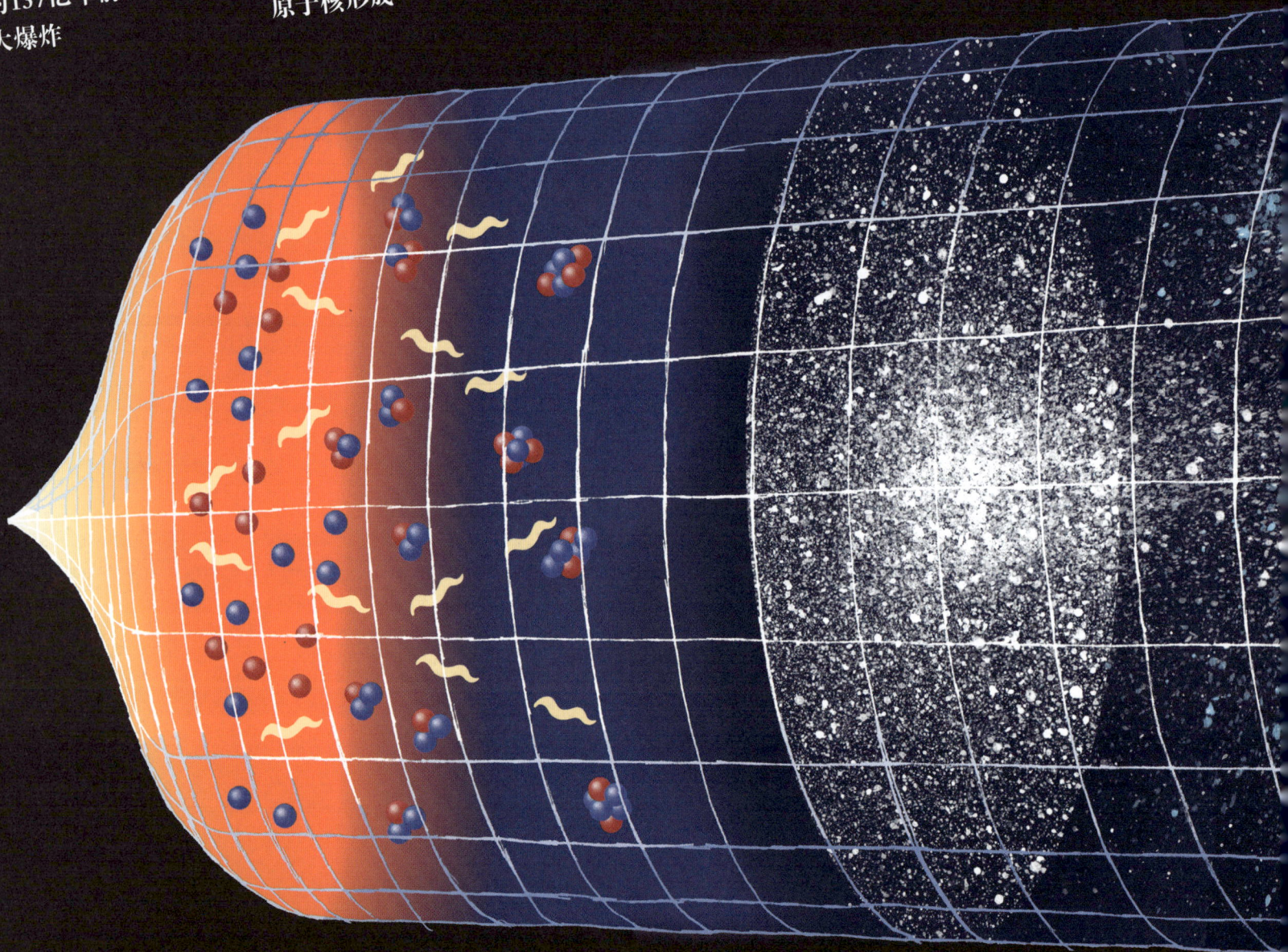

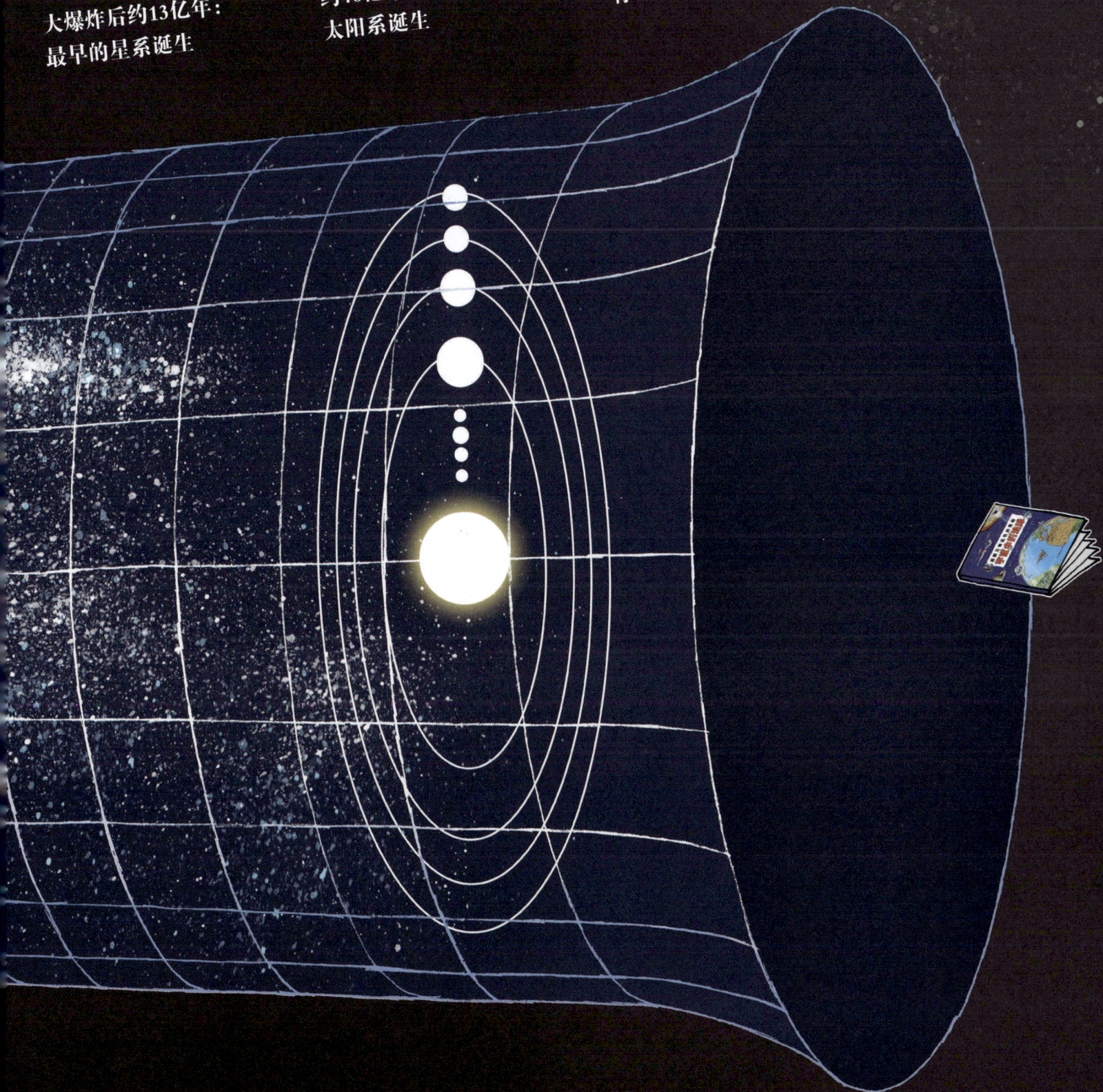

大爆炸后约13亿年：
最早的星系诞生

约46亿年前：
太阳系诞生

现在：
你正在阅读本书

宇宙一直在膨胀

在时间诞生之前
大爆炸

警告！

这一章可能会
非常地烧脑哟！

我们所知的一切都始于大约137亿年前的一次大爆炸。在那之前，什么都没有，连时间也没有。突然，一个完整的宇宙就出现了。可宇宙怎么能凭空出现呢？

加入我们的大爆炸追溯之旅吧——一切从这里开始。

但是，奇点之外呢？

好了，现在我们有了一个奇点。它是一个无限小的点，却包含了组成我们整个世界的成分。这个点之外看起来是什么样子的呢？什么都没有。根本没有什么"看起来"，因为这个点才是宇宙之初唯一存在的东西。在它之外什么都没有，因为奇点包含了已经存在的一切和将会存在的一切。

开始头疼了吗？没有？那我们继续吧。

一个无限小的点

宇宙在不断膨胀，这一点早在20世纪20年代就被证实了。我们可以这样想象：包括恒星、行星在内的一切，就像一个面团，在持续发酵中不断变大。

如果有一部纪录这个面团变化的影片，你会很自然地看到每一秒它都在膨胀。但是如果我们倒着播放影片呢？面团看起来正在收缩，直到我们看到面包师把它放在碗里，它变回了发酵前的样子。这个过程很好理解，是吧？但说到宇宙，情况就稍微复杂一些了。

如果我们倒着播放这部影片，我们将看到它永无止境地收缩，变得越来越小，直到我们必须用放大镜才能看到它。尽管如此，它仍在继续缩小。等倒回最初，宇宙就变得紧实、渺小，以至于即使用最厉害的显微镜也无法看到它。在我们完全看不到它之后，它还在持续缩小。在这部影片的第一帧里，整个宇宙就是一个点，这就是所谓的奇点，而且这个点小到我们根本无法理解，以至于无法测量，就好像它并不存在。

一切开始之前

这是个有趣的话题。在我们的小小的奇点之外没有世界，因为它实际上包含了整个世界。直到奇点不知为何爆炸前，时间都是不存在的。

时间出现在大爆炸开始的那一瞬间。

因此，我们的奇点，我们的这一个小小的点，找不到悬浮或游荡之处。一方面，没有任何物质可以承载它；另一方面，时间也还没有开始，奇点只能等待着，等待着膨胀成一个宇宙。

这对我们的大脑来说很难理解，但是当大爆炸发生时，时间和空间就诞生了。

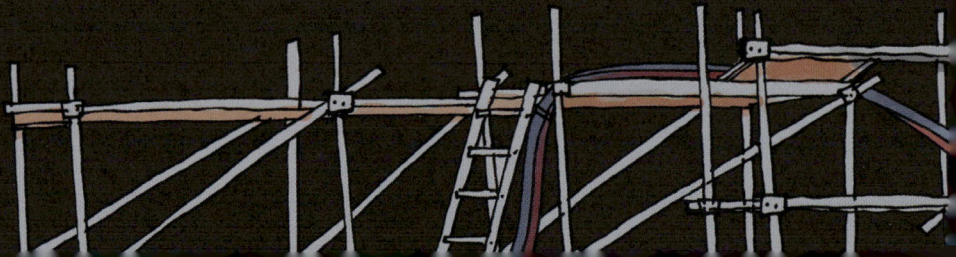

一定要仔细阅读！

在奇点内
（就是那个小小的点，你知道的）

我们也许永远不会知道奇点内部是什么样子的，也无法知道它是怎样运转的，因为常规的物理原理在奇点中并不适用。因此，我们也不知道为什么会发生大爆炸。

通常，我们周围的世界将受到自然规律的支配，例如万有引力、将原子结合在一起的力、将原子结合成分子的力，还有辐射，等等。但在一个单独的奇点中，这些都不适用。当一切物质都被紧密地压缩到一起时，所有的规律和原理都被打破了，我们无法猜测奇点内部是如何运转的。

但是随着宇宙大爆炸的发生，所有的自然规律都在不到1秒钟内开始生效。此时，时间也开始了，因此我们真的可以谈论"1秒钟"。如你所知，分、秒在大爆炸之前是不存在的。

大爆炸，造就现在！

宇宙万象都始于一次大爆炸，那是有史以来最大的爆炸。大爆炸催生了一切，而且进展很快，在远远少于1秒钟的时间里，宇宙变得几乎和现在一样大。这个阶段称为宇宙的暴胀期。

大爆炸之初，宇宙的温度高到我们难以理解。粒子不断交替形成和破灭——可能是自我毁灭，也可能是互相湮灭。被释放出辐射和能量的粒子加上新形成的粒子产生了更多碰撞……总之，很简单，此时一片混乱，但这种状态并没有持续多久。

大约3分钟后，秩序出现了。宇宙的温度这时已经下降了很多（下降到大约10亿摄氏度，不过依然很热），以至于一些粒子聚合成原子核。这时产生的物质是氕和氦，它们至今仍然是宇宙中最常见的物质。

大爆炸后约20分钟，温度下降到无法再产生氕和氦。现在宇宙的所有组成物质都已到位。因此，从大爆炸到我们今天所看到的一切宇宙的组成物质全部出现，只用了约20分钟。

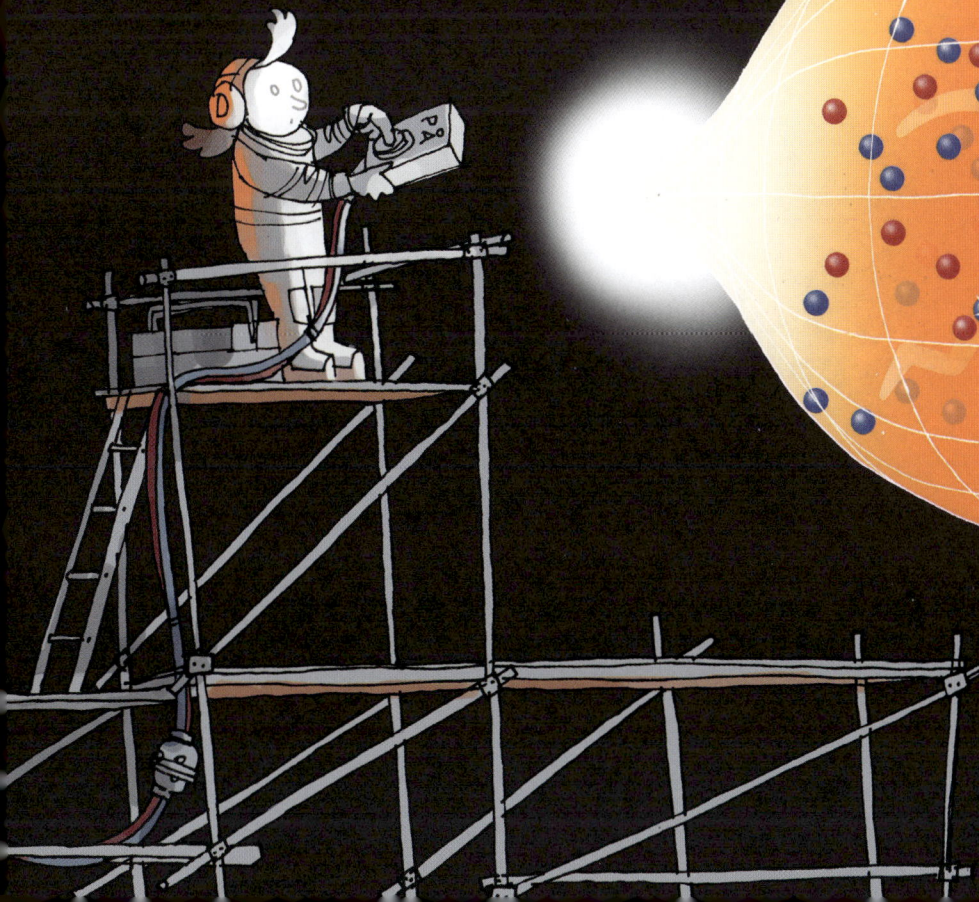

宇宙才形成了20分钟，它还要继续"成长"。继续阅读，宇宙正在逐渐展现它的全貌……

回顾过去

你知道吗？只用一种很简单的方式，我们就可以看到数百年前的光景。不，这不是魔术——你只需要一双普通的眼睛和一片星空就可以。走，出去看看吧！

夜间观测

在晴朗的星夜，我们就可以看到很久以前的景象，因为星星到地球的距离比太阳和月球远得多，因此它们发射或反射的光线要经过很久才能抵达地球。

在瑞典，人们可以看到的距地球最近的恒星是天狼星（大犬座α星）。它距离我们仅有约8.6光年。当你看到天狼星时，你实际上看到了它8年前的样子。这听起来可能不算什么，但以今天的技术，人类如果要到达那里，仍然需要花费成千上万年。

人类不借助望远镜所能看到的最遥远的天体在银河系以外。那是仙女星系，它看起来像个模糊的光点，尤其是在秋天。如果你看到了仙女星系，那你也就看到了约250万年前的过去。那大约是最早的人类出现在地球上的时间。

光年

宇宙如此广阔，普通的距离度量单位是远远不够用的。如果你用"千米"来表示星体间的距离，那你需要用非常非常多位数来表示。因此，另一种计量距离的单位应运而生，我们称之为"光年"。

1光年就是光在真空中传播一年的距离。这个距离极长，因为光每秒大约能穿越300 000千米（别看错啊，单位不是小时，而是秒）！

对于宇宙来说，地球太小了，因此我们几乎无法注意到光在地球上运动，但在太空中这就变得很清楚了。来自月球的光到达地球需要约1.3秒；来自太阳的光需要经过约8分19秒才能温暖到你的脸颊。因此，当你看太阳时（千万不要真的盯着太阳看，那样会伤害你的眼睛），你看到的其实是太阳在8分钟以前的样子。

我们能看到大爆炸吗？

有了功能强大的天文望远镜，也许我们就能一直追溯到大爆炸时期，并找出到底发生了什么，对吧？但实际上我们做不到。大爆炸结束后30多万年是不可见的。

你可能还记得，在大爆炸后大约20分钟，原子核就形成了，同时也有了电子。但它们自由地飞来飞去（今天存在的原子由一个原子核和许多围绕原子核运行的电子组成）。光线只有通过与自由浮动的电子碰撞并向可能的方向上传播才可以走得更远。因此，那时的宇宙是混沌的、不透明的。

大爆炸后大约38万年，温度下降，原子核可以捕获电子——突然间，宇宙变得清晰、透明了。

我们现在看到的是天津四在大约公元前591年的样子。公元476年，罗马帝国覆灭。

我们现在看到的是参宿三在大约公元1124年的样子。公元793年，维京时代拉开序幕。

我们现在看到的是参宿四在大约公元1381年的样子。公元1520年，斯德哥尔摩血案发生了。

我们现在看到的是北极二在大约公元1894年的样子。公元1889年，埃菲尔铁塔建成了。

天津四（天鹅座α）
天鹅座

参宿三（猎户座δ）
猎户座

参宿四（猎户座α）
猎户座

北极二（小熊座β）
小熊座

总会有新东西等着被发现！

宇宙有多大？

现在你必须抓紧帽子，不要被吓倒了。根据大多数科学家的推测，宇宙很可能是无限大的，没有尽头。

天文学家观测到的最远的星系大约距我们130亿光年。但是，由于宇宙在不断地膨胀，所以你现在能观测到的最远距离大约是460亿光年。

如果我们把宇宙想象成一个气泡，那么这个气泡的直径约为920亿光年，但目前尚没有迹象表明它的膨胀会止步于此。在我们可以看到的"气泡"之外也许还会有别的东西，只不过它们的光还没有到达我们这里。根据估算，宇宙应该比我们能看到的"气泡"大至少1 000亿倍，所以宇宙很可能是无限的。而且，正如我所说，宇宙在不断膨胀。

现在坐下来让你的大脑休息一会儿。

这是真的吗？

当研究人员或科学家认定某些事实的时候，他们总会小心翼翼，尤其是面对那些我们未曾谋面，却被其深深影响的事情时，比如大爆炸。

"大爆炸宇宙论"是科学家通过观测、计算和研究得出的，这也是目前最有说服力的解释宇宙起源的理论。多年来，能够证实这一说法的证据也在稳步增加。但是，如果有人能够提出更加完善（或提升旧理论）的设想或理论，那么大爆炸宇宙论的主导地位也可能被取代。

下图标注的是 GN-z11。请在北斗七星上寻找勺柄的根部，那就是 GN-z11 所在的正确区域了，但是 GN-z11 是肉眼观测不到的。

GN-z11——我们所见最遥远的地方

2016年，哈勃空间望远镜成功拍摄到了人类有史以来观测到的最遥远的天体。它是一个小星系，被命名为GN-z11。

来自GN-z11的光已经传播了大约134亿年，我们看到的是它在大爆炸后约4亿年的样子。随着宇宙的扩大，据估计，GN-z11现在距离我们大约320亿光年。

顺便说一句，哈勃空间望远镜是以埃德温·哈勃命名的，他是最早发现宇宙在不断膨胀的科学家之一。

我们现在看到的是室女座 ε 在大约公元 1914 年的样子。公元 1912 年，泰坦尼克号沉没了。

我们现在看到的是大陵五在大约公元 1934 年的样子。公元1930 年，汤博发现了冥王星。

我们现在看到的是天权在大约公元 1943 年的样子。公元 1961 年，加加林飞上太空。

历史回顾

当来自几颗不同恒星的光开始朝我们行进时，地球上发生了这些事情。在天空中找到它们的同时可以回溯历史。

天权（大熊座 δ）
大熊座（局部）

室女座 ε
室女座

大陵五（英仙座 β）
英仙座

在进入下一节之前做个深呼吸吧。你的大脑马上要接受新的考验了。

23

宇宙在膨胀

你想知道宇宙和一个正在发酵的带有葡萄干的面团有什么相似之处吗？
那么祝贺你，下面这一节刚好就是为你准备的。

面团里的葡萄干

宇宙在不断地膨胀。哎呀，就在此刻，世界又变大了一点儿，你注意到了吗？但是并没有任何天体凭空变大……对，因为增长的是天体之间的距离，也就是说宇宙变得越来越稀疏。

埃德温·哈勃在20世纪20年代发现，我们周围所有的星系都在渐渐远离我们（离我们最近的星系例外，不过我们很快就要讲到它了）。这是否意味着银河系将成为宇宙的中心？不，所有星系之间都正在逐渐地拉开距离，远离彼此。

你还记得前面提到的发酵的面团吗？这可以让我们很形象地理解宇宙膨胀的过程，尤其是把葡萄干塞进面团里。当面团还是小小一团时，葡萄干会挤在一起。但随着面团发酵、膨胀，葡萄干间的距离越来越远。不过，葡萄干是从哪里来的呢？在大爆炸后约38万年时间里，宇宙中仍然有很多自由漂浮的原子。它们是怎样变成葡萄干（或者更确切地说，是恒星和星系）的呢？

最早的恒星

大爆炸后约3亿年，第一颗恒星形成。它诞生自气体云，即原子密度稍大的区域，也就是之前讲过的星云。

重力作用使得气体云收缩得更稠密，直到它们因自身的压力而坍缩。然后其温度急剧上升，内部的氢原子核开始合并。随后，大量能量释放出来，一颗新生的恒星开始闪耀。

第一颗恒星超级大（比太阳大100倍以上）。大恒星的燃料很快就会耗尽，所以它只存活了几百万年，然后就爆炸成为超新星。

当原子核融合后，会形成新的、更重的元素。当一颗大恒星爆炸时，会形成铁，甚至更重的物质。因此每一代大恒星的产生和消亡，都会产生越来越重的物质。由此推断，除了氢和氦之外的所有物质都是在恒星内部产生的。我们也一样，都是由恒星的残骸构成的。你也是一颗星，不是吗？

重力

据说，艾萨克·牛顿坐在树下休息时被一颗苹果砸到头，因此发现了万有引力的存在。大多数人可能会认为苹果太重了才会掉下来，但牛顿却认为苹果可能是被"拉"向地面的。

如果存在一种把苹果拉向地面的力，那么很多问题就迎刃而解，比如为什么月球会始终绕地球运行而不是径直飞走。依照万有引力定律，一个物体的质量（通常与重量相同）越大，它对其他物体的引力就越大，但这种牵拉的引力随着物体间距离的增加而降低。根据牛顿定律，较小质量的天体会绕着较大质量的天体旋转。月球的质量比地球的质量小，地球的质量比太阳的质量小，所以月球围绕着地球旋转，而地球又围绕着太阳旋转。

没有人能真正解释重力是如何以及为什么起作用的，但你肯定能感觉到它的存在，比如，你并没有飘入太空。

最早的星系

在第一颗大恒星灭亡后，又出现了一些较小的恒星。这些小恒星的燃料能持续燃烧更长时间，因此它们有充足的时间形成更大的星团或星系。星系通过引力结合在一起，甚至可以吸引其他星系形成星系团。

宇宙膨胀的同时，聚集在一起的区域（恒星、星系和星系团）也会随之移动。这些区域类似于发酵面团中的葡萄干。哎呀，我们终于把面团的事情说清楚了。

当宇宙面团发酵时，葡萄干之间的距离会越来越远，然而，葡萄干本身并不会撕裂。这是件很幸运的事，否则地球会离太阳越来越远，然后我们这里很快就会变得非常寒冷。

黑暗的力量

宇宙中存在着一种无法被直接观测，但却可以被明显感受到的神秘的东西。通常情况下，如果计算出一个星系中所包含的质量（物质），便可推测其运动速度。但科学家发现利用可见质量求得的结果并不准确，所以一定还有更多未知的物质存在于宇宙之中。因为我们还不知道它们是什么东西，所以将它们称为暗物质。这听起来有点儿令人毛骨悚然。

现在你已经得知宇宙中还有一种叫作暗物质的东西了。如果它不存在，在重力的作用下，宇宙的膨胀速度应该会减小。但事实恰恰相反，宇宙的膨胀速度越来越快。

宇宙中最孤独的地方

你喜欢独处吗？如果喜欢的话，我知道一个地方适合你——波江座空洞。如果你在那里定居，那你离最近的邻居也有几亿光年远。

宇宙中真正空旷的区域被称为宇宙空洞，但至今没人知道宇宙形成空洞的原因。

大家都跟得上吗？好吧，让我们离开大爆炸及其后续，重新回到地球。现在觉得舒服点儿了吧？

天空中的星座

关于宇宙，还有太多的未解之谜，也有很多是我们不能真正理解的。当有一些事情解释不清的时候，人类总是会发挥想象力，用我们更容易理解的方式去解释它们，这样可以让世界少一点儿不确定性和不安全感。

最大的日历

研究天体运动的人计算出了秋分和春分、夏至和冬至的时间，以及其他节气何时发生……我们头顶上有世界上最大的日历。

抬头仰望天空，农民便可知什么时候播种或耕种。如果天空可以告诉你节气的变化，那么它是否应该也可以向我们讲述其他的故事？世界各地的许多文化都将天空与众神联系在一起。

占星家

古人相信，天上发生的事情可以为地球上将要发生的事情提供线索。因此历史上大多数统治者都有自己的占星师。他们的工作是解释众神的旨意，并对未来提出建议。

占星家们研究天空并了解很多关于天体运动的规律。而那些他们不知道或无法理解的东西呢？他们会围绕这些现象创造故事，无论如何，人们都可以从他们口中得到某种解释，而这也变成了一种科学和神话的结合体。

天文学家和占星家

这种观星活动今天仍然存在，但我们有一个更明确的划分。天文学家科学地研究宇宙，而占星家更愿意相信你的样子是由你出生时星星的排列顺序决定的（没人能证实这是真的）。不要把这两种职业搞混了，特别是当你与天文学家交谈的时候。

来自天空的预兆

数百年来，尤其是在中世纪的欧洲，人们将天空中的各种迹象解释为上帝的旨意。不幸的是，这些迹象通常都被认为是不好的事将要发生，比如人们因为犯罪而将受到惩罚，或者预示着战争、瘟疫和饥荒。

一颗彗星的出现意味着某个伟大的统治者将要死去；北极光则意味着灾难即将来临；行星相合是战争或作物歉收的预警……还有很多诸如此类的解释。

这里可以很容易将这一想法向前推进一步——天文现象引发了恐怖的灾难。于是人们产生了这样的念头——某些星座（天体所处位置的关系）可能会毒害地球上的空气——而这就是疾病产生的原因。

由此，占星术演化出来，它认定我们出生时的星星位置决定了我们是什么样的人，我们的生活会发生什么。这比火星和木星相互靠近时空气会变得有毒的说法更加不真实。

日食期间，我们看到的太阳是这样变化的：

在地球的阴影区域人们会观测到日偏食（因为太阳没有被完全遮挡），而处在黑点处的人们，看到的是日全食（整个太阳都被遮住了）。

多出来的太阳

在一些古人看来，天上同时出现三个太阳意味着三位强大的国王之间的大战即将爆发，或者是由于国王过于苛刻而遭到警告，天空即将崩塌。朴实的农民则习惯于把多出来的太阳解释为雨水降临的预兆。

但是，人们为什么会在天空中同时看到三个太阳？实际上，这种现象经常出现，不仅在以前，现在也很常见。这是一种大气光学现象，是阳光在薄而高的云层中被冰晶折射或反射所致，这有点儿像阳光被雨滴折射时我们可以看到彩虹。这一天气现象被称为日晕，而多出来的太阳则被称为"假日"或"幻日"。这种现象预示降雨的说法倒是有点儿道理。如果看到日晕，那么未来的几个小时内就有可能会有降雨。

日食

在日全食期间，黑暗降临地球，取代白昼。此时，鸟儿都停止了歌唱。

古往今来，日食一直被视为不祥之兆，甚至被认为预示着世界将很快灭亡。但到目前为止，情况并没有那么糟糕。这是一个短暂的天文现象，最多需要约7分钟，月球便不再遮挡太阳，阳光重新照射地球，然后"魔咒"就被打破了。但是，月球这么小，怎么能遮住整个太阳呢？那是因为月球更接近地球。太阳和月球在我们看来几乎一样大，这完全是错觉。

你对日食感到好奇吗？那么请在你的备忘录上输入2034年3月20日，那时，你将在中国境内可见日全食，而日偏食出现的概率则更大一些。

下一节是关于星星和星座的内容。别走开！

27

你看到天空中的麋鹿了吗？

自古以来，人们就热衷于将星星组合成各种图案，并编织各种故事来加以诠释。夜空就像是一本厚厚的图画书，古希腊人早在大约3 000年前就开始讲述这本图画书上的故事了。例如我们谈论的大多数星座，古希腊人早就为它们命名了，并赋予了它们独有的美丽传说。以下是一些在夜空中最容易看到的星座。

乳白色的大道

提到夜空，人们自然会想到银河。天空中那条明亮的光带到底是什么？

古希腊人说银河是宙斯的妻子赫拉流淌的乳汁。宙斯与阿尔克墨涅生了一个孩子叫赫拉克勒斯。宙斯要求赫拉给赫拉克勒斯喂奶，赫拉克勒斯咬疼了赫拉，使得她的乳汁洒满了天空。

在一些地方，银河被视为通往冥界的道路。还有些人则认为它是一条河流，众神就居住在河边。在萨米语中，银河系被称为Lodde-ráidaras，意思是鸟梯，是候鸟在秋天用来前往温暖国家的梯子。

大熊座和小熊座看起来像熊妈妈带着熊宝宝。不过，你会发现图中这两只"熊"的尾巴很大，而普通的熊却只有短短的尾巴。你大概会认为这不合情理。才不是呢！古希腊人认为，众神之首宙斯是提着两只熊的尾巴把它们带上天空的，所以熊尾巴都被拉长了。

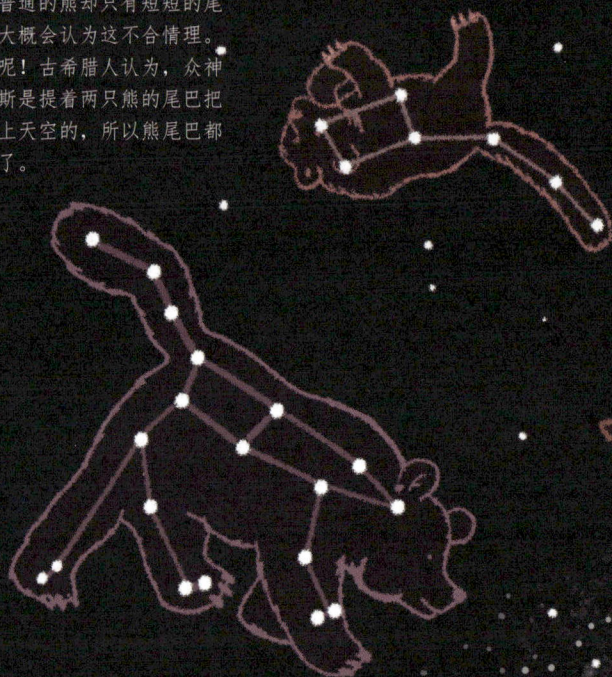

大熊座和小熊座的故事

宙斯爱上了少女卡利斯托，卡利斯托生下了一个男孩。宙斯妻子赫拉心生嫉妒，把卡利斯托变成了一头熊。若干年后，卡利斯托变成的熊遇到了猎人阿尔卡斯，这个人恰好就是卡利斯托的亲生儿子。宙斯看到了这一幕，他意识到儿子即将杀死自己的母亲。为了阻止这个悲剧的发生，他把阿尔卡斯也变成了一头熊，把他们俩都带到了天空中。卡利斯托就变成了大熊座，而阿尔卡斯则变成小熊座。

麋鹿萨尔瓦的故事

不仅是希腊人注意到了天空中的图案，在萨米人的民间传说中，在一整个漫长的冬季，麋鹿萨尔瓦每天晚上都会在天空中绕着北极星躲避猎杀。只有当极夜结束，春天的太阳再次升起的时候，萨尔瓦才会离开。

萨尔瓦是一个很大的星座。仙后座是麋鹿头顶的鹿角，英仙座是麋鹿身体的前半部分，御夫座是麋鹿后半部分的身体。我想，这也证明了人们可以在天空中看到任何想看到的东西。

金牛座的故事

关于金牛座的传说有很多。最常见的一个就是：宙斯变成了一头健壮的公牛，拐走了欧罗巴公主。他对此颇为得意，就把公牛的形象留在了夜空之中。

英仙座

每年8月12日至13日前后，地球的运行轨道会与彗星轨道相交。那些散落在彗星轨道上的砾石受地球引力作用，落入大气层，由此形成的流星雨看起来似乎来自英仙座，所以被称为英仙座流星雨。这是一个奇妙的景观。如果你生活在北半球，到那时候别忘了出去看看！

圣诞雪花

在天鹅座的位置，银河看起来似乎正在裂开。就在这个裂缝前，有一个大而明亮的区域，它以前被称为"圣诞雪花"（就像西方人在圣诞节时挂起的窗花）。有人认为，如果你在9月29日观测天鹅座，你就能知道这一年的圣诞节会有多冷（在这一天看到的"圣诞雪花"越清晰，接下来的圣诞节就会越冷）。

英仙座是一个很威武的勇士。他手中挥舞着他的剑和俄斯的头——他刚刚把她杀死了。

伯利恒上空的星

耶稣刚出生时，三位智者被一颗闪亮的星带到伯利恒的马厩。这就是《圣经》中的传说（但在那里他们被称为"一些东方占星家"）和《马太福音》里所讲述的故事。

1. 彗星（见第 14 页）。问题是没有一颗已知的彗星与耶稣诞生的时间非常吻合。
2. 超新星（见第17页）。当时中国的天文学家在差不多的时间描述了可能是超新星的东西。
3. 行星之间的合相（行星相合，多数人喜欢的理论）。合相是当两个或更多行星沿着自己轨道运行时在天空中的位置非常靠近，它们看起来就像一个明亮的闪光点。

或者只是人们之后在故事里加入了这颗明星，以强调这是一个重要人物的诞生。

天鹅座的故事

宙斯爱上了丽达王后（哦，不，他又爱上另一个人！），还想要接近她。他把自己变成了一只天鹅，并说服女神阿佛洛狄忒变成了一只鹰。当丽达看到一只鹰追着一只可怜的天鹅时，她救下了天鹅。宙斯也顺势得到了他想要的结果。

仙后座的故事

卡西奥佩娅王后吹嘘她女儿的美貌。顺便说一句，她女儿叫安德洛墨达，她自己也是一个星座（还拥有自己的星系）——仙女座。这种吹嘘激怒了海神波塞冬，他将卡西奥佩娅送上了星空。在那里，她会绕着北极星旋转，这样一来她就有一半的时间是头向下倒挂着的。

那么宙斯呢？和他没关系，这次他是无辜的。

太阳系

可是，我们到底在哪里呢？

你曾经迷过路吗？如果你有过这种经历，就知道那种感觉有多烦心了。请继续想象一下，如果你迷失在太空中……为了避免这种情况发生，我们现在将仔细看看我们在宇宙中的确切位置，确保你总能找到回家的路。

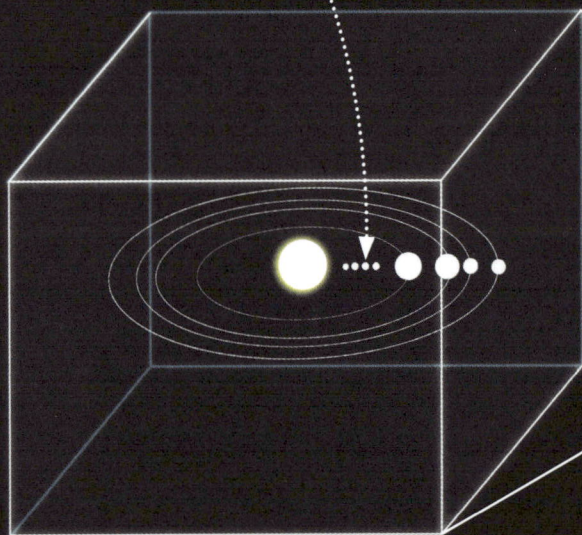

① 太阳系

首先，我们当然是身处地球上，地球是太阳系中距离太阳第三近的行星。

在宇宙中有很多类似太阳系的恒星系统。在这些区域里所有东西都围绕着一颗恒星旋转，并且所有的物质也都被这颗恒星吸引在一起。我们这个星系的恒星自然就是太阳。

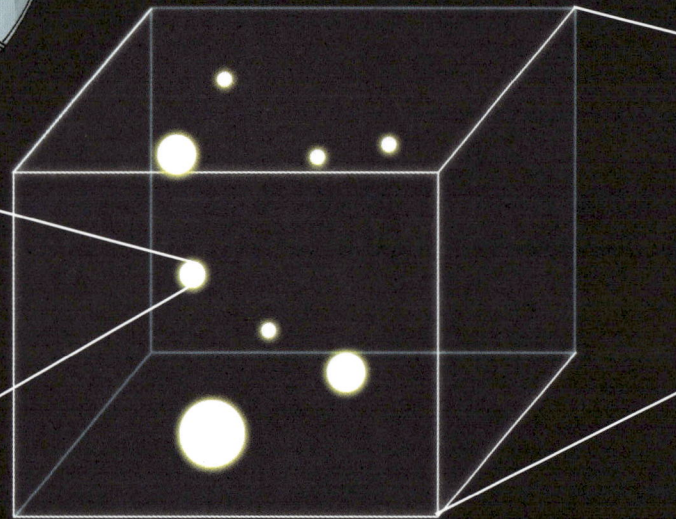

② 本地泡

太阳系在一个星际云当中运行，而这个星际云被一个更大的本地泡包裹着，其直径大约300光年。在我们所处的这部分空间中，恒星非常稀疏。在10光年的距离内只有8颗恒星（其中一些还是同一个恒星系统中共存的双星或三星）。

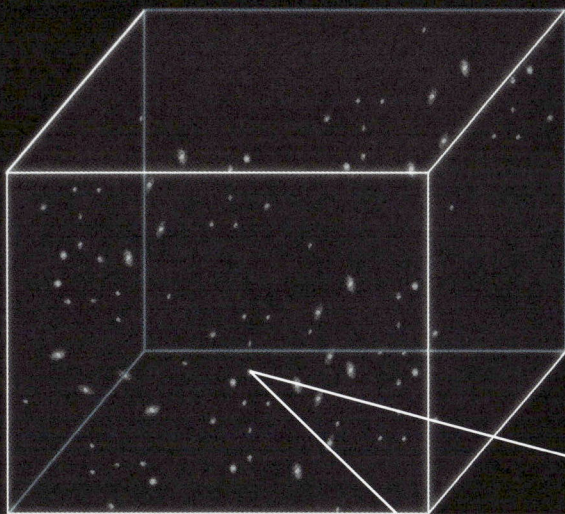

室女座超星系团

实际上宇宙的构成还有一级。星系群和星系团有时会形成更大的系统——超星系团。银河系所属的本星系群位于室女座超星系团的边缘，其直径约为1亿光年，由大约100个星系群和星系团组成。

承认吧，你已经开始有点儿头晕了吧。

现在你可能想知道宇宙中有多少个超星系团。没有人确切地知道，但通常的说法是至少有1000万个。

银河系的中心在哪里?

银河系中心发生的事情，我们通常是看不到的。那里恒星密集，还有大片的尘埃云，只有通过特殊的望远镜才能穿过它们的阻隔。如果你想知道银河系的中心在哪儿，它就在人马座的方位。

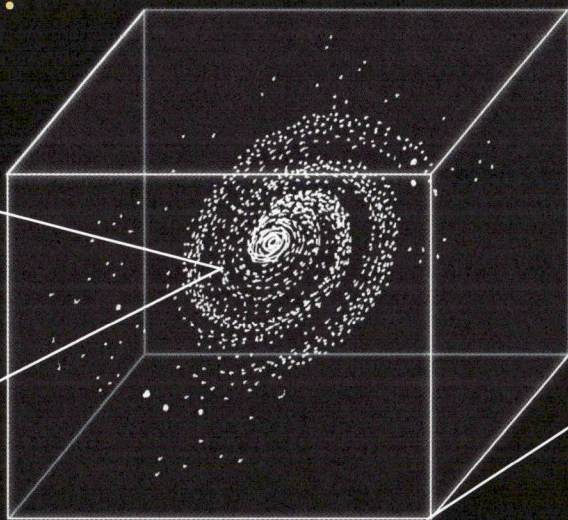

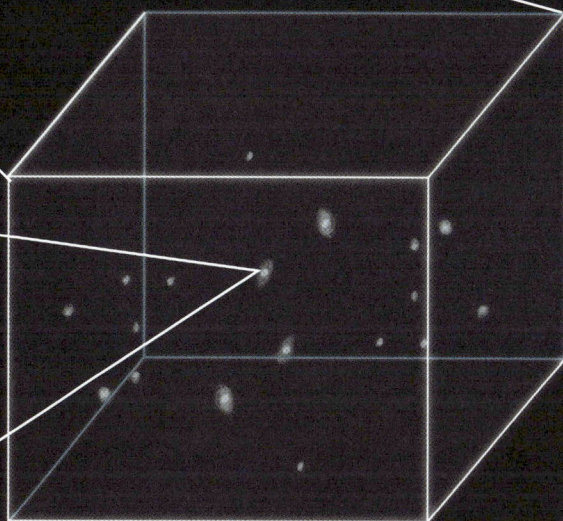

④ **本星系群**

现在不仅仅是恒星聚集成星系，星系也以成群或成团的方式关联在一起。区别只是在于大小，有的群组可能由约50个星系组成，有些却可以多达数千个。

银河系是本星系群中的一员，我们在其中的"邻居"大约有50个，包括仙女星系。银河系和仙女星系是本星系群中最大的两个。

③ **银河系**

我们的恒星——太阳，只是聚集在银河系这个旋涡星系中的数千亿颗恒星当中的一个。

有趣的是，对于银河系的真实样子我们知之甚少。毕竟我们从来没有从外面看到过它。这有点儿像你站在森林之中，试图去了解整个森林的样子。我们甚至不能确定银河系究竟有多少个旋臂。旋臂是指旋涡星系中各种天体分布成旋涡状，从里向外旋卷的形态。我们所知道的是，银河系看起来像一个中心有一个凸起的圆盘，也有点儿像煎鸡蛋。我们的太阳系位于圆盘中心之外，处在一个旋臂的边缘。

啊呀！是时候收回我们的目光，看一下太阳系了！

太阳系
——我们自己的小角落

正如你所注意到的，宇宙是非常空旷和荒凉的，其中存在的物质由于重力而聚集在一起。但不要过度理解聚集——即使在星体相当密集的地方，也有足够的空间让你来活动你的四肢，比如在我们的太阳系。

如此运转！

行星是如何保持在其轨道上的？

太阳的质量比太阳系所有行星的质量之和都大得多。太阳的引力难道不会把所有的行星都吸进去（并燃尽）吗？幸运的是，还有其他东西在牵制着太阳，比如说惯性定律。

想象一下，你坐在一个正在旋转的木马上。它转得越快，你就越会感觉到身体被向外推。这是惯性定律的一个效果。你的身体只想继续笔直往前走，但旋转木马却迫使你跟着它转圈（而且这是一个不会停下来的行程）。

与之类似的，太阳将行星拉向自己，而惯性定律则希望它们继续沿直线前进，并消失在宇宙中。在某个特定的距离上，会出现一种平衡状态，即行星围绕太阳旋转，既不会被吞噬，也不会被甩出。

太阳系是如何形成的？

太阳系始于一团气体云和其他更早期的恒星和超新星的残余物。引力将云团拉到一起，形成一个围绕中心旋转的圆盘。当足够的质量聚集在云团中心时，一颗原恒星（原始的恒星）就形成了。原恒星中的热量逐步累积，核反应被启动，随后，我们的太阳被点燃。

行星也是在圆盘中形成的，气态行星的形成大约需要1 000万年，而岩质的类地行星形成则需要1亿年。行星的形成是因为在环绕太阳的物质中存在着高密度的团块，在引力的帮助下，较大的团块都会将所经区域的物质聚合在一起——其体积和质量因此保持持续增长，这有点儿像在滚雪球。

太阳——当然是太阳系的中心。

太阳系的居民

内太阳系行星

包括水星、金星、地球和火星（也被称为岩质行星或类地行星）。它们具有坚固的岩石表面，是由体积较小的小行星和其他岩质天体碰撞结合而形成的。

小行星带

它由岩石、矮行星、冰块等组成。木星的引力可能阻止了它们进一步结合成为岩质行星。

外围行星

包括木星、土星、天王星和海王星（也被称为气态行星或气态巨行星）。它们是没有坚硬表面的气体行星，可能具有由金属元素构成的核心。

世界上最大的太阳系模型

"瑞典太阳系模型"是一个有趣的尝试，它展示了太阳系有多么巨大。实际上，它是世界上最大的太阳系等比例模型。斯德哥尔摩球形体育馆代表太阳，代表行星和其他天体的等比例模型设立于瑞典的不同地方。下面你可以了解到它们。

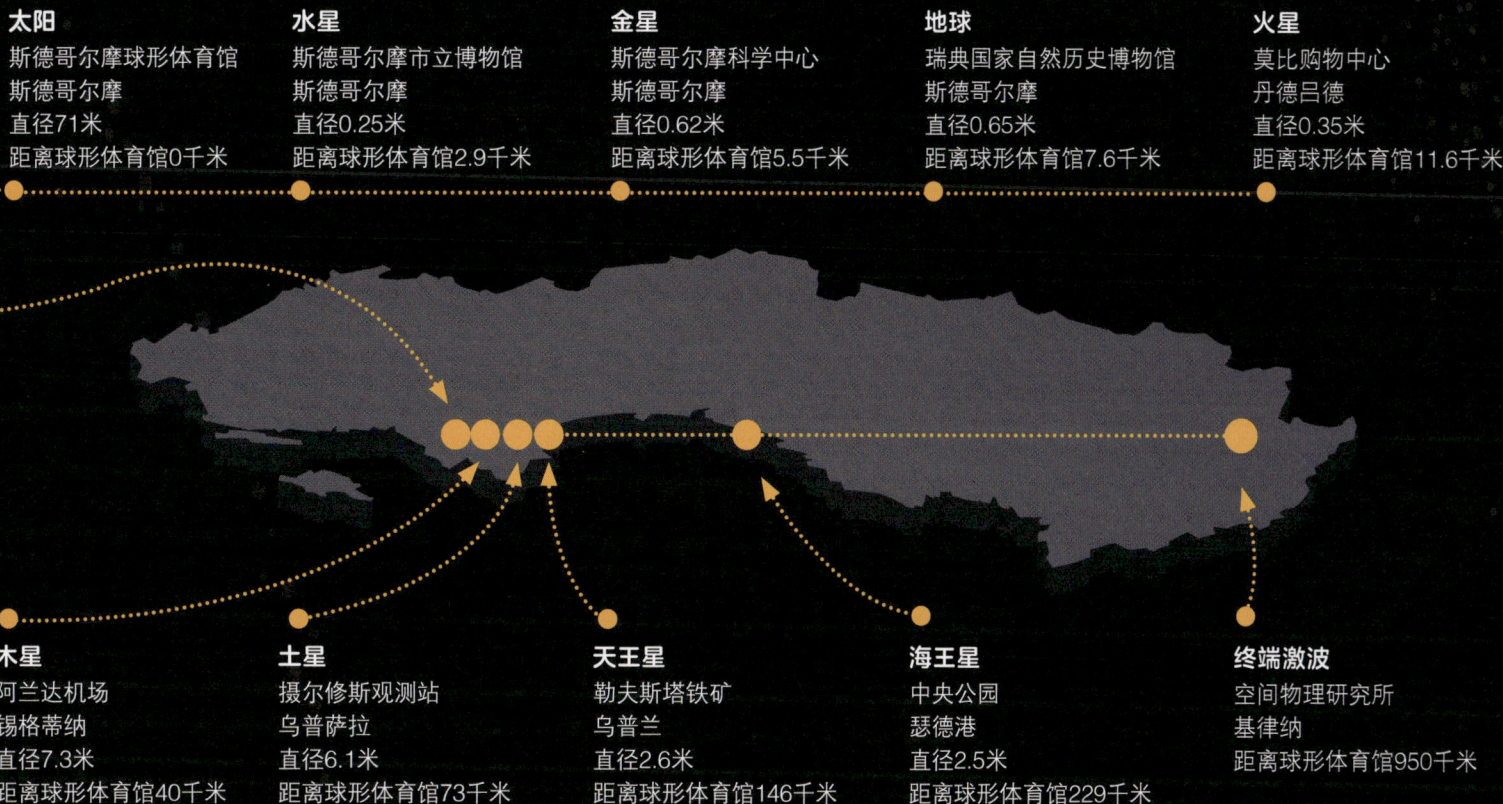

太阳
斯德哥尔摩球形体育馆
斯德哥尔摩
直径71米
距离球形体育馆0千米

水星
斯德哥尔摩市立博物馆
斯德哥尔摩
直径0.25米
距离球形体育馆2.9千米

金星
斯德哥尔摩科学中心
斯德哥尔摩
直径0.62米
距离球形体育馆5.5千米

地球
瑞典国家自然历史博物馆
斯德哥尔摩
直径0.65米
距离球形体育馆7.6千米

火星
莫比购物中心
丹德吕德
直径0.35米
距离球形体育馆11.6千米

木星
阿兰达机场
锡格蒂纳
直径7.3米
距离球形体育馆40千米

土星
摄尔修斯观测站
乌普萨拉
直径6.1米
距离球形体育馆73千米

天王星
勒夫斯塔铁矿
乌普兰
直径2.6米
距离球形体育馆146千米

海王星
中央公园
瑟德港
直径2.5米
距离球形体育馆229千米

终端激波
空间物理研究所
基律纳
距离球形体育馆950千米

柯伊伯带

它包含冰态矮行星（其中就有冥王星）和其他天体。从这里看过去，太阳和太阳系之外的其他恒星几乎没有区别。另外，柯伊伯带还被认为是大多数彗星的起源地。

在这里行星看起来这么大，靠得也很近，但实际上它们彼此相距甚远。

终端激波

它在日球层顶（通常被认为是太阳系的边界）的内侧。太阳风是来自太阳的稀薄等离子体流，它在这里与外太空中更为稀薄的气体相遇。

奥尔特云

这是一团包裹着太阳系的球体云团，这里有冰、岩石、小行星以及沉睡的彗星。其中的天体数量也许有数十亿，但没有人能确定。这确实是一个亟待研究的领域。

有时，沉睡的彗星会被唤醒（有可能是因为一颗路过的恒星的引力）并开始奔向太阳。这段旅程需要几百万年。

这只是一个粗略的概述，现在我们一点儿一点儿地仔细看看。从哪里开始呢？当然是从太阳系的中心！

太阳

想象一下，如果没有太阳可怎么办！我们的世界将会变得多么阴沉、黑暗和寒冷。不过从另一方面讲，如果太阳不存在，我们也不会存在。无论如何，太阳是我们太阳系中的超级明星。

如此运转！

太阳是如何工作的？

太阳的中间是一个核心，光和热都是从那里产生的。这是通过氢原子相互撞击、融合形成氦来实现的。在这一过程中，大量的能量被释放出来，并通过太阳的各层向上转移到表面。

1 核心（核反应区）

能量被释放出来并以辐射的形式向外发散。

2 辐射区

太阳以电磁波的形式向外传递能量。地球所接受到的太阳辐射能量仅为太阳向宇宙空间放射的二十亿分之一。

3 对流层

最靠近辐射区的气体被加热并上升到太阳表面，在那里冷却下来再下沉到辐射区附近（然后被加热）。这就是对流形成的过程。

4 光球层

用肉眼和普通望远镜可看见的太阳圆面就在那里，但由于那里的一切都是气体，所以并没有明确的界线。辐射从核心到达光球层可能已经经历了100万年的时间（没有人确切知道，因为很难测量，你可以想象那个景象）。

5 日冕

这里是太阳大气层的最外层。来自太阳的气体像风一样从这里不断被送入太阳系（这个现象叫作太阳风）。这里有时还像火山喷发一样散发出大量的额外气体。

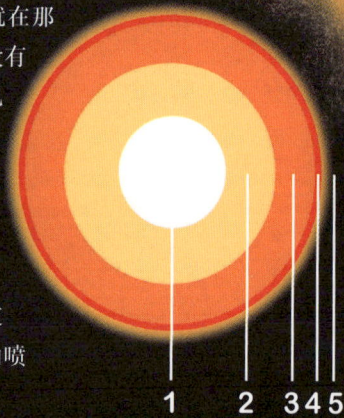

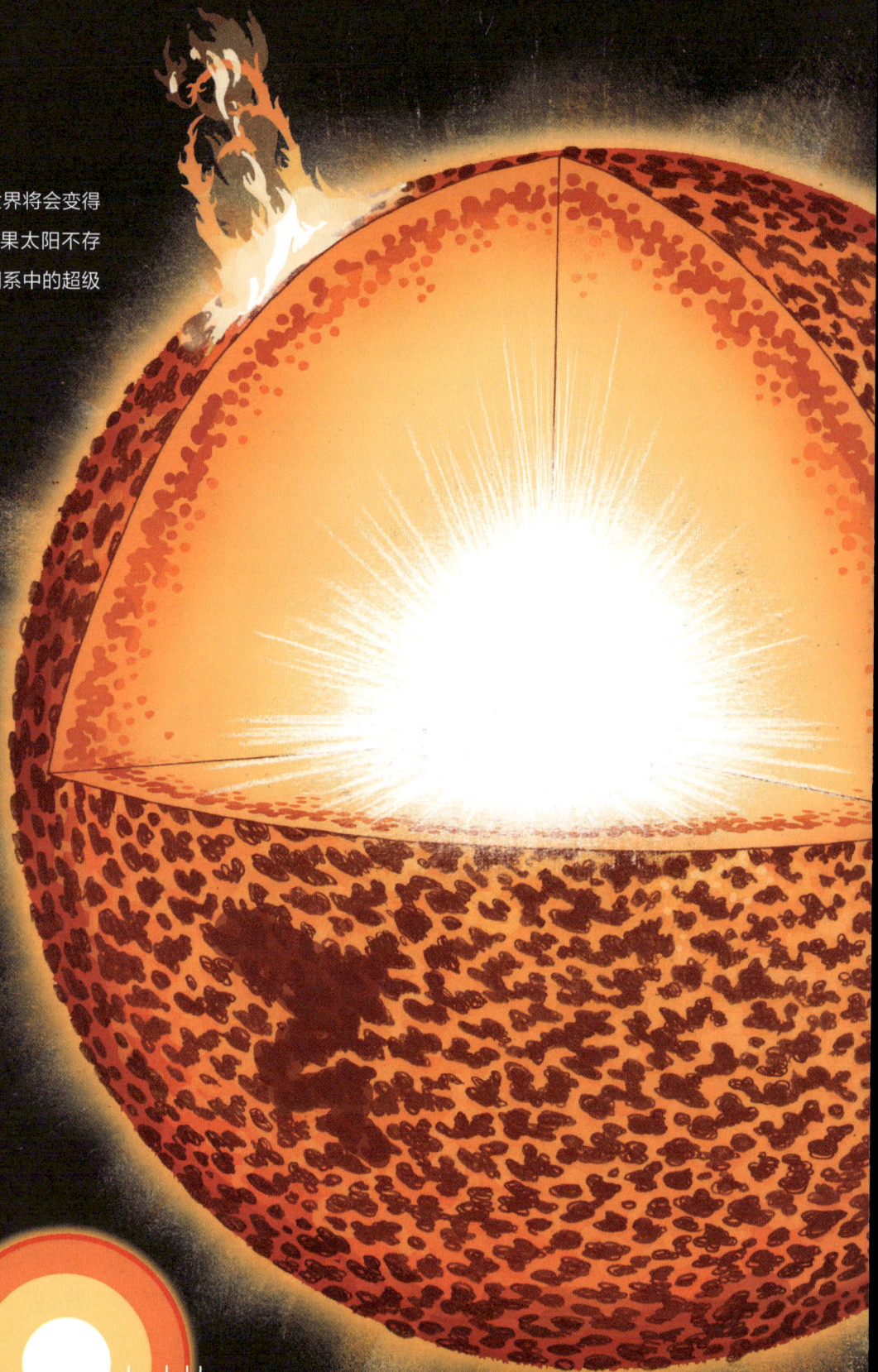

1 2 3 4 5

太阳是不是很热?

答案是肯定的。在太阳的核心区域，温度可以达到约1500万摄氏度。从核心往外走，温度实际上会逐渐降低，所以在太阳的光球层，温度降低到5500摄氏度左右。如果你想试试的话，这个温度仍然可以让钻石融化。随后发生了一些神秘的事情。在日冕层，温度再次上升，达到100万至300万摄氏度。日冕被太阳风加热，这是受到太阳磁场的影响，但没有人能够真正解释为什么温度高得如此惊人。

太阳黑子

有人说："即使是太阳也有瑕疵。"意思是没有人是完美的。实际上太阳确实有"瑕疵"，也就是一些斑点。

太阳的表面有一个磁场，有时某些区域会在几天中变得格外活跃，不过到目前为止，我们还不能清晰地解释其中的原因。接着那里就会形成温度较低的暗区域，这片区域就是太阳黑子。

即使有太阳黑子，太阳作为一个整体也不会变冷。在斑点周围，会形成一种叫作"耀斑"的东西，它们是大而亮的斑块，可以在短时间内释放出巨大的能量。活跃的磁场也可能产生太阳风暴，它们向地球发送的辐射强度足以干扰全球卫星定位系统（GPS）和移动电话的信号，而且还有可能引发极光。

中心位置！

尼古拉·哥白尼

太阳在中心

历史上，人们在很长一段时间都认为地球处于宇宙的中心位置，而太阳和行星则围绕地球旋转。但是，在1543年，尼古拉·哥白尼提出了关于日心宇宙体系的观点。1609年，约翰内斯·开普勒计算出行星的轨道不是正圆形，而是拉长的椭圆形。这样一来所有关于行星轨道的观测都说得通了，很快天文学家们就一致同意——地球可能只是行星中普普通通的一颗。

太阳母亲

没有太阳，地球上就没有生命，事情就这么简单。这不仅仅是因为太阳让我们的地球变得温暖和舒适。在太阳的"庇护"下，植物利用阳光进行光合作用，从而制造养分，转化能量，并释放氧气。对，我们想要生存就必须吸入氧气。

因此，如果太阳熄灭了，我们的处境就会变得很糟糕，不过你现在还不用惊慌。太阳正处于生命的中年阶段，地球至少还需要10亿年才会面对太阳熄灭的威胁（而太阳大约还要50亿年才会完全熄灭）。你可以翻到第102页，看一看到那个时候等待地球的是什么。

为什么太阳有时是红色的?

日落时，太阳呈现出美丽的橙红色，就像它入睡前需要冷却下来一样。当然，真相并非如此。太阳上连夜晚都不存在，所以它肯定不需要睡觉。太阳变色是因为当它接近地平线时，阳光会以不同的方式折射（光线到达我们眼睛的路径更长）。太阳光线中的红色光受大气干扰最少，因此就变得最明显。

我们将继续太阳系中的旅程，接下来我们将会摆放那些行星邻居们。快跟上来！

内太阳系行星（类地行星）

你认识地球的邻居吗？让我向你介绍一下我们在太阳系中最亲密的三个伙伴：水星、金星和火星。

什么是岩质行星？

四颗内太阳系行星都被称为岩质行星（或类地行星）。它们都有岩石质地的固态表面，就像一个外壳。在其表面之下还有一个高温的部分，被称为地幔。最中心的部分是温度更高的核心，由液态金属（主要是铁）构成。

岩质行星表面有山脉和谷地，可能还会有火山和大裂缝。

水星

别名：辰星

卫星：无

表面温度：-160℃以下至约440℃。

地貌和外观：与月球非常相似，有陨击坑和熔岩场，以及数不清的裂缝和褶皱（当水星的内部冷却时，这颗行星随之收缩变紧）。

大气层：几乎没有，绝大部分都被太阳风吹走了。

名字的由来：英文名（Mercury）以罗马神话中速度非凡的众神使者墨丘利（Mercurius）的名字命名，而水星也是环绕太阳运行的行星中移动最快的。

水星在夜空中很难被看到，只是在黎明或黄昏的短暂时刻才有机会现身。

水星上的一天大约是59个地球日，因为水星非常缓慢地绕着自己的自转轴旋转。水星绕太阳一圈只需要大约88个地球日，所以，如果生活在水星，你不到3个月就可以过一次生日咯！水星在白天会变得很热（这当然也是因为水星离太阳最近），而夜晚则非常冷。

在水星的两极，太阳光从未到达的深坑中，有由水形成的冰。

水星的一些图像显示出清晰明亮的条纹。它们是陨石在撞击水星过程中喷出的物质，因此这些线条总是从陨击坑延伸出来。

水星是太阳系中体积最小的一颗行星，只比月球大一点儿。

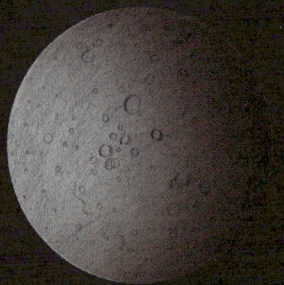

金星

别名：长庚星、启明星

卫星：无

表面温度：接近500℃。

地貌和外观：金星被云层覆盖，看起来呈黄白色；但在云层下，它的表面是红色的。地表有山脉、平原和许多几乎平坦的火山。

大气层：浓密，含有大量二氧化碳。

名字的由来：英文名以罗马神话中爱与美的女神维纳斯（Venus）命名，因为这颗行星被认为非常美丽。

金星在许多方面与地球相似，因此人们希望那里也能存在生命。目前还没有在金星上找到任何有关生命的痕迹。

像在水星上一样，这里一天很长，相当于243个地球日，但金星厚厚的大气层保存了热量，夜晚也就不会寒冷。这里的大气压强相当于地球海底1 000米深度的压强，并且大气中会降下腐蚀性的硫酸雨。再加上近500℃的高温，金星上没有适合生命存在的条件。

当金星上的火山喷发时，炽热的岩浆流出，并凝固成厚厚的煎饼的样子，这使得金星地貌丰富又奇特。

金星是傍晚和早晨天空中最明显的行星，这是因为包裹它的云层能很好地反射太阳的光线。

金星，有和没有云层覆盖的样子

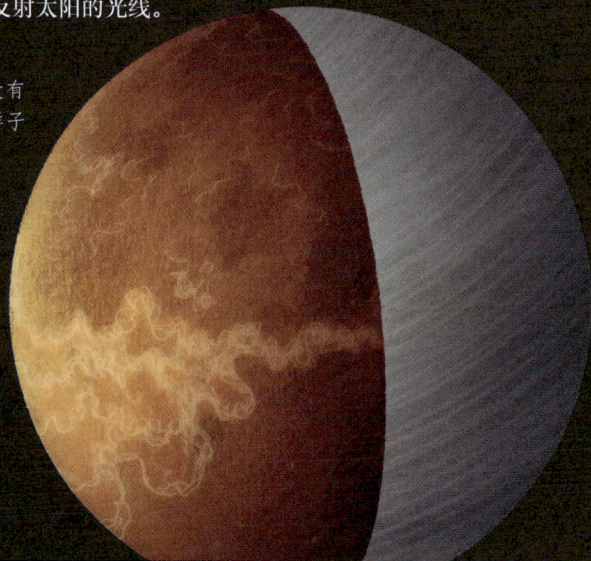

地球

别名：特勒斯（罗马神话中地球女神的名字）

卫星：月球是地球唯一的天然卫星，它也被称为月亮。

表面温度：平均约15℃。

地貌和外观：大约71%的表面被海洋覆盖，其余是岛屿和大陆。多种不同类型的自然环境赋予了地球丰富多彩的外貌。

大气层：约四份氮气和一份氧气的混合物（还有稀有气体和二氧化碳以及其他物质）。

名字的由来：地球是太阳系中唯——颗英文名字不是来自希腊神话或罗马神话的行星。

　　地球是最大的内太阳系行星，与其他有岩石外壳的行星具有很多共性。

　　地球的最特别之处在于这里有生命。这个星球上，几乎所有地区、所有自然环境中都有生命存在。这是因为这里有氧气和水，温度刚好，而且还有一个保护生命免受危险辐射的大气层。

奥林匹斯山是火星上最高的山峰，也是太阳系已知最大的火山。地球上的最高山峰则是珠穆朗玛峰。

珠穆朗玛峰

火星

别名：红色星球

卫星：火星有两颗卫星——火卫一和火卫二。

表面温度：约-132℃至28℃。

地貌和外观：火星上几乎所有的物质都是红色的，因为它的土壤中富含氧化铁（铁锈的主要成分）。在火星的极地区域有由水冰构成的冰冠。

大气层：非常稀薄，主要成分是二氧化碳，含有少量氧气，但并不足以让人类呼吸。

名字的由来：英文名以罗马战神马尔斯（Mars）的名字命名，可能是因为战争总会造成血流成河。

　　火星上的环境与地球的非常相似，也许有一天地球人的小型移民区会设在那里。另外，火星上可能已经有原始生命，比如细菌，但到目前为止它们还没有被发现。

　　火星比地球小，因此内部冷却得更快。这使得它的地壳更加坚硬和牢固。如果太阳系中最大的火山——奥林匹斯山出现在地球上，它的高度会是约24千米吗？那可是地球上最高的山峰珠穆朗玛峰高度的约2.7倍啊！

系好安全带，下面我们要穿过小行星带，拜访太阳系外围行星。它们的概况就在下一页。

火星外侧的小行星带

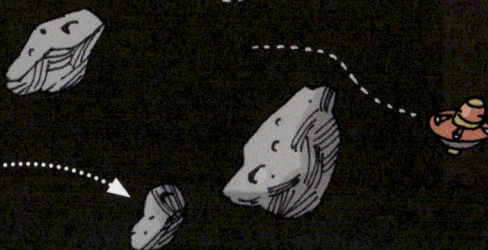

气态巨行星

小行星带之外还有气态巨行星。它们的体积比内太阳系行星要大，但它们主要是由气体组成。所以我们不能在这些行星上着陆，而只能从远处研究它们。

什么是气态行星？

当我们观测气态行星时，我们所能看到的并不是它们真正的表面，而是其大气中的云层。如果我们抵达它们的内部，越是接近行星的中心，气体的密度就越大，星球内部被压缩成液态，并可能拥有一个由岩石和金属构成的核心。太阳系中四颗外围行星都可以被叫作气态巨行星，但是天王星和海王星有时也被称为冰巨星，因为那里冷到它们液态的内部凝结，如雪泥或刨冰。冰巨星很可能并没有固态的岩石和金属核心，而整个星球都以冰冻状态存在。在我们的太阳系中，所有气态行星都带有光环。

木星

卫星：已知95颗，但可能有更多。

温度：云顶温度约为-110℃。

地貌和外观：带有棕色、红色、白色、黄色等色调的美丽条纹云层。

发现：天文学家马里乌斯和伽利略在1610年几乎同时发现了木星最大的4颗卫星。马里乌斯为它们命名，伽利略对它们展开了研究。

名字的由来：英文名以罗马神话中的众神之王朱庇特（Jupiter）命名。很显然，至高之神应该拥有最大的星球。

木星是太阳系中最大的行星。

木星是一颗气态巨行星。在那里，风暴随处可见，其中最为人们所熟知的就是木星大红斑，它在17世纪被天文学家观测到。近年来，那个红色斑块似乎随着时间的推移而缩小。在19世纪，它的直径大约是地球的4倍，而现在它只比地球略微大了一点儿，所以它有可能很快就会消失。木星那些条纹是沿纬线方向横扫全球的大气环流，风速可达到约500千米/小时。

木星的光环在1979年才首次被发现（由"旅行者"1号探测器发现）。木星环是弥散透明的，很薄，也很暗淡，它由陨星撞击卫星时飞散的尘埃微粒和黑色碎石组成。

土星

卫星：已知145颗，但可能有更多。

温度：云顶温度约为-170℃。

地貌和外观：有颜色很浅的条纹，但有非常明显的光环。

发现：1610年，伽利略首次描述了土星环，不过他最初认为那是两颗卫星，他将其称为土星的"耳朵"。

名字的由来：英文名以罗马神话中的农业之神萨图恩（Saturn）命名。萨图恩是第二大神，正如这颗行星是太阳系中第二大的。

土星最著名的是它的光环。光环由在土星引力下固定在运行轨道的岩石和冰块组成，土星和众多卫星的引力使它们形成环状。你可以通过一台好一点儿的望远镜（需要30倍以上的放大率）看到这些光环。

尽管土星这么大，它的密度却很小，如果你把它扔进一个足够大的浴缸里，它甚至会浮起来。

那么，什么是行星呢？

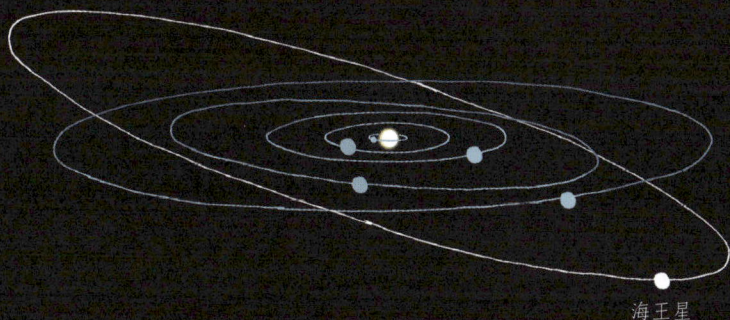

海王星

直到2006年，在我们的太阳系中还有另外一颗行星，即冥王星。但那时，人们又发现了几个类似的天体。它们是否也应该被称为行星呢？国际天文学联合会（IAU）制定了三项规则来衡量天体是否应该被称为行星：

1. 有一个围绕太阳运行的轨道；
2. 自身的形状是几乎完美的球体（行星都是球体，因为其自身的重力会把它们压成这个形状）；
3. 已经清除了其运行轨道附近区域的较小天体。

冥王星正是倒在了第三点上。很简单，它还没有把自己的周围清理干净。所以冥王星被降级为一颗矮行星，而不再属于行星。

天王星

卫星：已知27颗。

温度：太阳系中最冷的行星，云顶温度低至约-220℃。

地貌和外观：大气中含有甲烷，整颗星球呈现出蓝色。

发现：威廉·赫歇尔于1781年发现天王星，并确定它是一颗行星。这一发现也让太阳系一下子变得几乎有之前的两倍大。

名字的由来：英文名以罗马神话中的天神乌拉诺斯（Uranus）命名。天王星被发现之前，土星以外的空间被称为天神之地。

太阳系中的所有行星在环绕太阳运行的过程中，都像玩具陀螺一样围绕它们自己的自转轴旋转。天王星也自转，但它就像一个在地板上滚动的球（它公转时，两极会轮流指向太阳，所以可以说天王星是侧着滚动）。因此如果在其两极，你首先会经历一个持续42年的白天，然后是一个同样长度的夜晚。

天王星有很难被观测到的暗淡的光环。因此，直到1977年光环才首次被发现。也许这些行星环也是它与另一颗行星碰撞后的遗留物，如果是这样的话，很可能是那次碰撞把天王星"撞倒了"。

海王星

卫星：已知14颗，但可能有更多。

温度：云顶温度约为-200℃。

地貌和外观：看起来呈蓝色，与天王星相比，海王星显得更蓝。

发现：1846年由约翰·伽勒发现。之前已经有人通过计算得出在天王星附近有天体扰乱了它的轨道，并因此开始搜寻它。

名字的由来：英文名以罗马神话中的海神尼普顿（Neptune）命名。海是蓝色的，海王星也是蓝色的。

海王星是体积最小的气态巨行星，可能看起来像天王星的小兄弟，但是海王星上的风暴更加狂野、暴躁。这里的风是太阳系中最强的，最高速度可达2 100千米/时。

海王星是所有行星中离太阳最远的。距离如此之远，从这里看太阳，就像我们观测一颗非常明亮的星星那样。

哇！

在下一页，我们将探索卫星，以及其他像冥王星一样不能自称为行星的天体。

矮行星和卫星

太阳当然是太阳系的中心，行星则扮演着其他重要角色。不过，在太阳系的舞台上还有更多的"演员"，它们实际上也值得关注。那么，让我们走近它们吧。

那些没能进入第一梯队的角色

与冥王星一样，其他矮行星也未能满足成为行星的条件。矮行星通常很小、距我们很远，而且很难被观测到，所以没人能确定它们究竟有多少。在柯伊伯带（与海王星轨道相接，包含成千上万颗小而冷的天体）及更远的地方，可能存在着上百颗矮行星。

> 5 颗矮行星（跟随大家熟知的八大行星）粉墨登场。

鸟神星

发现时间：2005年。在2008年被认定为矮行星。

位置：位于柯伊伯带，比妊神星稍远一点儿。

鸟神星的表面覆盖有大量的冰，反射了大量的太阳光，非常明显。尽管如此，我们距它如此遥远，只能猜测它究竟是什么样子的。猜测的结论是：鸟神星因星体表面冷冻的甲烷晶体而呈红色。

2015年还发现了一颗鸟神星的卫星，与鸟神星强烈的光辉相比，它显得非常暗淡。

谷神星

发现时间：1801年。在之后的大约50年中都被视为行星，之后又被列为小行星，直到2006年被定义为矮行星。

位置：位于小行星带（火星和木星之间）。

谷神星在已知的矮行星中是最小的，但它是颗活跃而潮湿的星球，上面存在着冻结的水和载水矿物质，因此科学家猜想那里可能存在活的有机体。

> **如此运转！**

什么是卫星？

卫星在它的太空旅程中总是围绕一颗行星（或矮行星）运行。卫星因为行星的引力运行在固定的轨道上。当行星形成时，它们周围通常有一个气体尘埃盘，这些物质有可能聚集在一起，形成卫星。这就好像是一个微型的太阳系的形成过程。一些卫星也可能是被经过它附近的行星所捕获的太空岩石。你可以在下一节里了解到我们的月球是如何形成的。

这是地球的卫星——月球和这一页里其他天体对比后的大小。

阋神星

发现时间：2003年。

位置：位于柯伊伯带，但它的部分轨道远远超出柯伊伯带边缘。

阋神星是太阳系体积第二大的矮行星，勉强被冥王星击败。它绕太阳公转一圈需要557个地球年。阋神星有一颗著名的卫星——阋卫一。

妊神星

发现时间：2004年。在2008年被认定为矮行星。

位置：位于柯伊伯带。

妊神星旋转速度非常快，自转一周仅需不到4个小时，因此它被压缩成椭球体——长轴是短轴的两倍，至少有的天文学家这样认为。不过，目前还没有人亲眼观测到它的形状。

冥王星

发现时间：1930年。在2006年之前被视为一颗行星。

位置：位于柯伊伯带，但它的特殊轨道形状让它有时会来到海王星轨道内侧。

冥王星是太阳系体积最大的矮行星，它在其轨道上滚动着运转，就像天王星一样。它有5颗已知的卫星，最大的一颗被命名为卡戎（冥卫一）。

冥王星之"心"

是时候讲一个真正感人的太空故事了。

在20世纪初，有许多人寻找在海王星之外的行星。1930年，克莱德·汤博成功地做到了——发现冥王星，他也随之成了一位伟大的英雄，那年他年仅24岁。

许多科学家认为作为一颗行星，冥王星太不一样了，但汤博一直为冥王星辩护，直到1997年他与世长辞。

2006年，冥王星最终还是被重新归类，被划归为矮行星，但天文学家对它的兴趣依然不减。在同一年，一个名为"新视野"号的探测器被发射前往冥王星。为了表示敬意，大约30克汤博的骨灰被装在一个小小的铝制容器中，跟随探测器一同出发。

2015年，"新视野"号探测器到达冥王星附近，并将其外观特写图像发送回地球。这些图像显示冥王星表面有一个大型冰层，形状好像一个巨大的爱心，而目前唯一接近过那颗心的人类（虽然只是他离世后的骨灰）就是克莱德·汤博——当初发现了这颗矮行星的人。当人们为这片地区命名时，他们只有一个选择："汤博区"。"新视野"号将在2040年左右飞离太阳系，克莱德·汤博也将成为"太空远游第一人"。

克莱德·汤博

太阳系中那些保持纪录的卫星！

对比这页上的其他卫星，渺小的火卫一在这里被放大太多啦。

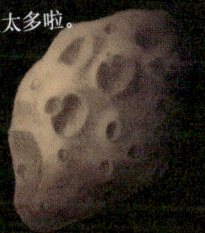

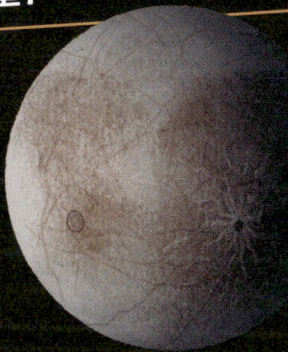

·哪颗卫星最接近其环绕的行星？
是火卫一。它的轨道距离火星表面只有约6 000千米。据推算，大约5 000万年后它可能就会偏离安全轨道，最终走向灭亡。

·哪颗卫星最大？
是木卫三。它的直径比水星的还大。

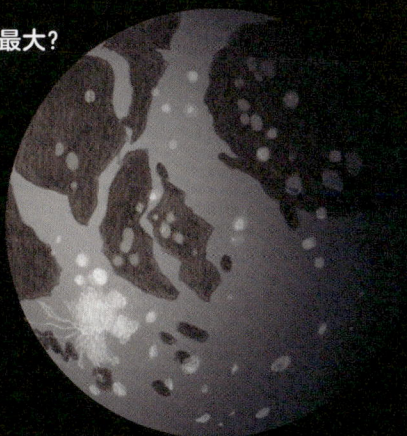

·哪颗卫星最有可能存在生命？
木卫二在其冰冻的表面下可能存在液态水。土卫二也有类似的环境。

·哪颗卫星最像它所环绕的行星（或矮行星）？
是卡戎，即冥卫一。它的体积大约是冥王星的一半，从宇宙空间的视角来看，冥王星和冥卫一的体积较为接近。一些天文学家更愿意把它俩称为一个双矮行星系统，因为两者都围绕着它们之间的一个点运转。

我们如何寻找行星（和其他天体）？

这是一个在冥王星被发现时也用到过的摄影技巧。我们每隔一段时间就拍摄一张相同区域的星空的照片。然后我们比较图像——对比背景里没有明显移动的星体，我们可以找到那些位置变化较大的亮点。

哇！

但是我们自己的卫星，月球呢？别急，下面我们有两节都是专门讲它的。

亲爱的月亮

月球是唯一一个我们可以用肉眼看到细节的天体。很自然地，这也激发了人们的想象，你想知道月球上面到底是什么样子的吗？很幸运，人类对月球的探索从未停止。那么，还等什么？让我们踏上月球，开始一段新的旅程吧。

月亮摇篮

如果你身处赤道附近，新月看起来就好像滑倒了一样，它看起来像一个摇篮。到了南半球，新月与我们这里比起来就是镜面倒置的。

记住！小提示！

新月看起来像是一个逗号。

月亮是如何形成的?

科学家推测，在内太阳系行星几乎完全形成时，一颗被天文学家称为忒伊亚（Theia，这是希腊神话中月亮女神之母的名字）的星体与地球相撞。碰撞产生的碎片在地球周围堆积成一个环带，很像土星环。不久后，这些物质聚集在一起，形成了一个新的天体，月球诞生了。

月球是由部分来自地球和部分来自忒伊亚的物质组成的。

潮汐

月球很大，离地球很近（太空火箭从地球前往月球只需要大约3天时间）。这意味着月球的引力会对地球有较大的影响。我们可以从潮汐现象中看到这一点。

月球的引力"拉拽"地球上的海洋。因此，我们的海洋实际上是从地球朝向月球的方向弯曲的。由于惯性，在地球另一侧的海洋表面也随之向外膨胀，不过这一侧是背离月球的方向，这是因为那里受到的月球引力最弱（是的，这听起来很奇怪，但事实就是如此）。同时，地球在自转，所以每天有两次涨潮和退潮出现（早晨的叫作潮，晚上的叫作汐）。在某些沿海地区，高潮和低潮之间的水位差异可以达到10米。

太阳也会对潮汐产生一定的影响，但这主要是在它与月球、地球在一条直线上的时候。那时会有超强大潮。

八月的月亮

在八月的夜晚，挂在树梢的满月通常看起来又大又红。哦，等一下！月亮真的会在有些时候变大吗？

不是的。这在很大程度上是一种视觉错觉。我们很难在黑暗背景下判断某个物体有多大。但当满月低垂时，我们能在它附近看到树木和房屋。这样一来我们的大脑就会将月球与周围的环境相比较，然后便会感觉它看起来超级大。

另外，它呈现红色是因为红色光线在大气层中传播得特别远，在这个过程中其他颜色被过滤掉了。这与黄昏的太阳呈火焰般的颜色是一个道理。

测试!

你不相信月球总是一样大吗？那么你必须向自己证明这一点。下一次你在想"哦，今晚的月亮真大！"的时候，拿起一把尺子，伸直手臂，面对月亮，测量月盘。然后再下一次你在想"哦，今晚的月亮大小很正常，甚至有点儿小"的时候，再次拿起尺子测量一下。

伽利略·伽利雷

月球上的熔岩平原被称为月海，这是伽利略的错误造成的，包括几个月海在内的许多月球区域的拉丁文地名都是他想出来的。伽利略认为在他的望远镜中看到的黑暗的区域仿佛是大海。

我们有时看到的是满月，有时看到的是新月。这是为什么呢？在不同的时间，由于月球与太阳的相对位置不同，所以我们看到的月球被照亮的区域也就不同。我们看到的月球被照亮区域的形状被称为月相。

就像地球一样，月球也是圆的，所以太阳在同一时刻只能照亮半个月球——换句话说，月球上也有白天和黑夜。如果在月球上待一天，这相当于经历了约28个地球日，这就是月球自转一圈所需的时间（与它绕地球一圈的时间基本相同）。两次满月之间大约相隔一个月的时间。

当新月过后，"消失"的月球再次出现，一半被照亮时的月相被叫作上弦月，而当满月逐渐变回月牙时出现的一半被照亮的月相被叫作下弦月。

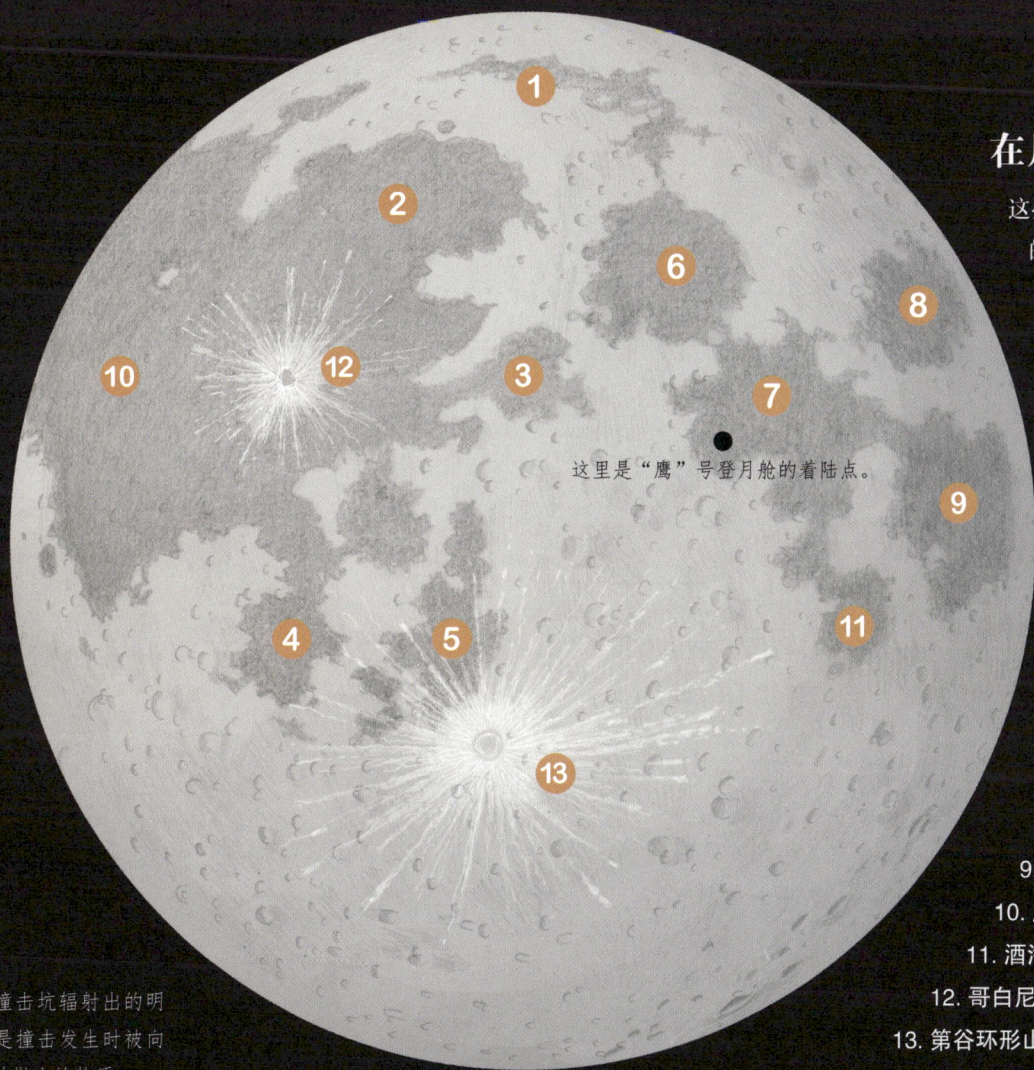

这里是"鹰"号登月舱的着陆点。

在月球上找找看

这些是我们用肉眼或普通双筒望远镜就能够看到的月球上的细节。深色的区域是熔岩平原（月海）。在30亿~40亿年前，月球上仍有活火山。当它们喷发时，熔岩便聚集在月球的低洼地区和巨大的撞击坑中，这就是月海大多呈圆形的原因。月球上明亮的部分是有许多撞击坑（环形山）的高地、山脉。

1. 冷海
2. 雨海
3. 汽海
4. 湿海
5. 云海
6. 澄海
7. 静海
8. 危海
9. 丰富海
10. 风暴洋
11. 酒海
12. 哥白尼环形山（撞击坑）
13. 第谷环形山（撞击坑）

从撞击坑辐射出的明亮纹路是撞击发生时被向上及向外抛出的物质。

1969 年 7 月，人类首次到访月球。载着美国宇航员尼尔·阿姆斯特朗和巴兹·奥尔德林的"鹰"号登月舱在静海的边缘着陆。在接下来的 3 年中又有 5 艘飞船成功登陆月球，但那之后登月活动就停止了。因此，只有 12 人曾经踏上过这个地球之外的天体。

关于月球，还有很多东西值得一讲，比如关于狼人和其他神秘的存在，还有……不过我们要等到下一节去说。

月亮引发的癫狂

我的母亲常说，如果你在被月光照得波光粼粼的湖中沐浴，你很快就会变得很富有。这里有更多关于月球的民间传说和神话故事，有些甚至可能让你震惊。

"鹰"号登月舱的着陆点正好在"老人眼睛"的左下方边缘。这可能就是他在哭的原因吧。

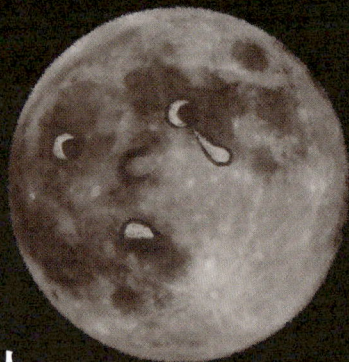

在满月时钓鱼

在世界上许多地方都有"钓鱼的最佳日期在满月日前后"这样的说法。据说，这时鱼会吃掉任何东西，哪怕是鱼饵。不过没人能够证明这是真的，你自己可以去试试。

另一方面，还有一大批钓鱼爱好者声称，在新月期间钓鱼是最好的……当然，所有月相都被赋予类似的说法。

不过，月球真的会影响海洋生物。例如，许多种类的珊瑚虫每年只繁殖一次——总是在满月的时候。

月亮上的老人

月球正面的深色熔岩平原形成了某些图案，看上去就像一幅画。这就如同人们看着云，总是会想象它们像什么东西，我们也一直都在想象月球上的图案究竟像什么。

在许多地方，月球上的图案被视为两个人，他们要么是在互相争吵，要么是正在合力搬东西。但是人们最常看到的形象——至少在今天，一定是月球上的老人。

我们为什么总是要想象？好吧，我们的大脑一直试图在我们看到的东西中辨别出可理解的形状。一旦大脑认定它为某种模式，它就会被加上线条和阴影，使我们可以把图像解释为我们所认识的东西。比如说，一张脸。

月球上有UFO基地？

月球绕自转轴旋转的周期与围绕地球公转的周期相同。这意味着月球朝向我们的总是同一面——在很长一段时间里，它的背面对我们来说是完全未知的。

20世纪40年代至50年代，人们对不明飞行物（UFO）极度狂热，那时似乎全世界的人们都看到了飞碟。它们是从哪里来的？有一种理论认为，这些狡猾的生物就隐藏在月球的背面，它们甚至还建了一个UFO基地。

1959年，一个苏联太空探测器绕着月球飞行，并发回了月球背面照片。月球背面和正面差不多，但更无趣些，几乎只有相对明亮的高地。第一批亲眼看到月球背面的人是"阿波罗"8号上的宇航员，那一年是1968年。

月球的背面看上去和正面差不多。

太阳 ← 地球 月球 本影 半影

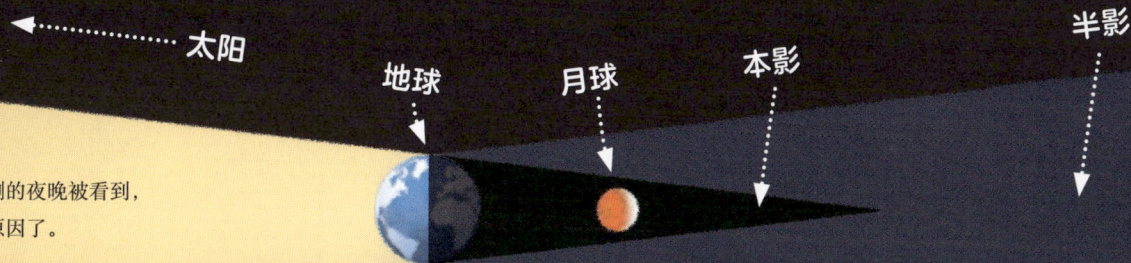

血月只能在地球一侧的夜晚被看到，看看图片你就知道原因了。

血月

有的时候月亮会呈现出可怕的深棕红色，此时它被称为血月。这在以前曾经被看作一种警告，表明有坏事将要发生——通常是有血光的战争，或者是让人们咳血的瘟疫（传染病）。

我们什么时候能看到血月？好吧，在一个一切条件都合适的月食期间（当月球、地球和太阳在一条完美的直线上，月球处在地球的阴影中）。太阳光线中的红色光是唯一的波长足够长的可见光，它因此可以弯曲着绕过地球并到达月球。波长较短的可见光（例如蓝光）在大气中会向各个方向散射。

危险的月亮

太阳属于白天，美好而明亮，而月亮属于黑暗的夜晚（尽管它有时在白天也能被看到）。因此在很多地方，它都被视为神秘而危险的存在。

人们会尽量避开月光，因为月光里充满了月亮的力量，所以在月光下睡觉是有风险的。有人认为，如果你一整夜都把衣服晾在外面，当你再次穿上它们的时候你可能会腐坏。

过去，几乎全世界的人们都认为月光，特别是满月时的月光，可以导致精神错乱。在英语中，疯子被称为lunatic，luna来自拉丁语，意思是"月亮"。也就是说，人们可能会遭遇月亮引发的疯狂。

狼人

一些人可以变成狼人的传说在许多文化中已经存在了几千年之久。某些文化认为，人会完全变成狼；而在另一些文化中，变化的结果是成为一个嗜血成性的狼和人的混合体。

转变往往发生在满月时，特别是午夜时分。可能它已经与月亮引发的疯狂紧密结合在一起了，以至于两种传说相互支持并流传得越来越广。

有没有人相信过
月亮是用奶酪做的？

我们经常在电影和图画书中看到月亮是由奶酪制成的——或者至少有某个角色（通常是一只老鼠）希望如此。但是有没有人真的相信月球表面的物质（实际上被称为风化层，就像岩石的粉末）是奶酪？有一句古老的谚语："他傻到认为月亮是奶酪做的。"

"月亮"和"月份"这两个词是相互关联的。它们究竟有怎样的关联呢？继续翻看，你接下来就会看到——

45

时间流逝不止

时间究竟是什么？时间与地球和宇宙有什么关系？
事实证明，它们之间的关系很大，下面我们来看看。

一年——地球绕太阳运转一圈所用的时间。

一个月——月球绕地球运转一圈所用的（大概）时间。

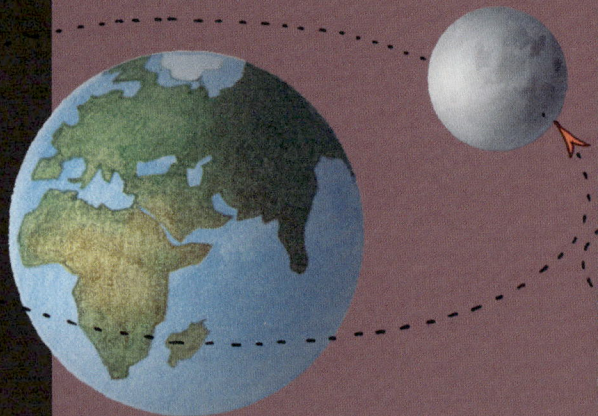

基础课程

古人计算时间的方式很简单，通常都与地球和月球围绕太阳的运动有关。

1年＝地球绕太阳运转一圈所用的时间。

月

一年内有大约12个月球周期（从满月到满月）。月相交替并不与太阳周期同步，因此满月之日在每个月都会不同。

小时、分钟、秒

一分钟有60秒，一小时有60分钟。为什么我们不像米和厘米那样使用10或100进制？

嗯，这是因为在大约4 000年前，古埃及人将

一天——地球自转一圈所用的时间。

金星的自转如此之慢，以至于那里的一天比地球上的半年还要长。也就是说，在金星上你每天都可能过一次生日。

一秒钟有多长？

如果你读秒的时候想着"一个密西西比，两个密西西比……"，你会得到非常接近一秒钟的时间段[译者注：这是指美式密西西比读秒法，因为读出"数字+密西西比（Mississippi）"所用时间非常接近一秒钟的时间。你可以自己试试看，验证一下对不对。闭上眼睛，用密西西比读秒法数到60。看看是刚好一分钟吗。

可以更精确吗？那么给你一个提示：一秒是铯133原子（Cs133）基态的两个超精细能级之间跃迁所对应的辐射的9 192 631 770个周期所持续的时间。你对这个提示满意吗？

二分二至（春分、秋分，夏至、冬至）

北半球各地白天最短（黑夜最长）的那天被称为冬至。当然，这时另一个半球就正值夏至。

在一年中的两个时间点，白天和黑夜在全球范围内的长度几乎完全相同，它们被称为春分和秋分。这时，地球的自转轴不会向朝向或远离太阳的方向倾斜。

1月　2月　3月　4月　5月　6月　7月　8月　9月　10月　11月　12月

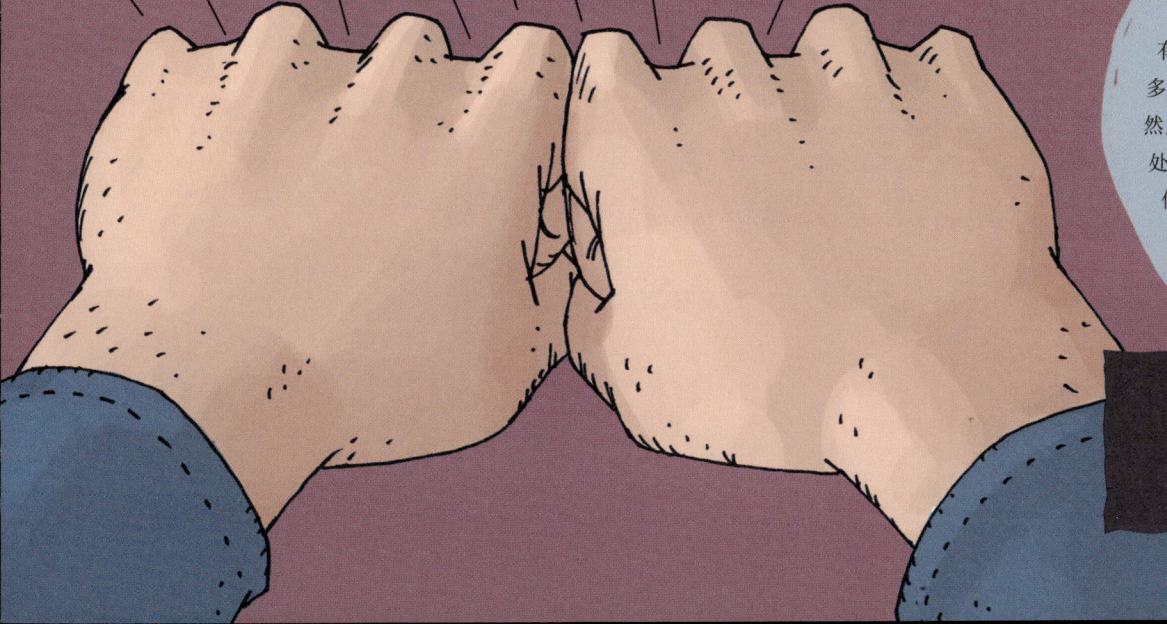

用手指关节来帮你记住每个月的长短！

有一种简单的方法可以帮你记住不同月份有多少天。如图所示，双手握拳并平放在一起，然后数手指的指关节和它们的连接处。指关节处对应的月份有 31 天，手指连接处对应的月份有 30 天（2 月除外）。双手相遇的地方，也就是 7 月和 8 月，是两个连续的月份，都有 31 天。

翻到下一页大约需要一秒钟。
试一下你就知道了。

如果你还有一点儿时间

时间的箭头

我们总是倾向于将时间分为过去、现在和未来——刚才我做了一个三明治，现在我正在吃，很快我就会吃饱。这就好像我们一直跟随着一个指向未来的箭头。在我们的日常生活中，这种思维方式非常有效。但在微观世界里，在那些比原子还小的粒子周围，普通的时间法则并不适用。在那里，事情可以以任何顺序发生。

过去   现在   未来

为什么时间很重要？

时间总是与计划密切相关。当你知道会发生什么事情——以及何时会发生——你就可以做好充足的准备。这可能是播种或收获的时间，也可能是一些仪式的时间。例如在冬至，即白天最短的时候，古人向神灵献祭，以求太阳回归。

过去，人们天一亮就起床，一直工作到天黑。太阳控制着人们的生活，以及许多其他事情。直到近代，能够精准计算时间才变得重要起来。

时间旅行

再会！很快见！

不会的。

WEEEEEEEEEEEEEEEEEEEEEEEEEEE!

嗨！好久不见！

不是啊。

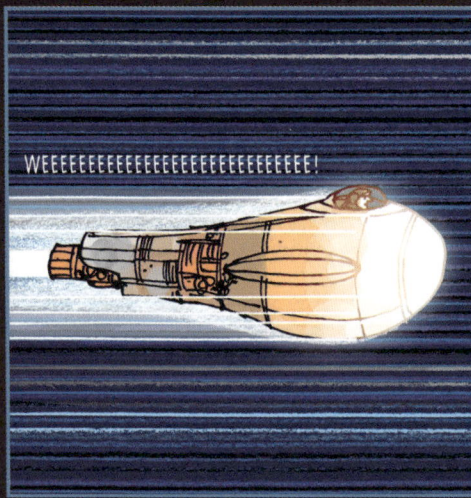

我们能穿越时空吗？是的，从某种程度上来说，生命是一个通向未来的永恒旅程——不过我们永远无法抵达目的地，因为我们总是身处现在。但据我们所知，时光倒流是不可能的。

但从另一方面讲，至少在理论上，我们能以某种方式欺骗时间。如果你接近光速的速度旅行，时间的运作方式就不一样了。想象一下，有一对20岁的双胞胎。她们看起来像彼此的镜像。双胞胎中的一个乘坐航天器远行，其速度几乎达到了光速。在宇宙飞船上度过5年之后，回到地球，她会发现她的双胞胎妹妹现在已是一个头发灰白、拄着拐杖的老妇人。

在地球上流逝的时间远比在航天器里的长得多！不过，目前我们还无法尝试这种实验。到目前为止，人类有能力建造的最快的飞船的速度也远远赶不上光速，根本不足以改变时间，即使通过计算得出的结果表明，欺骗时间并不是什么难事。

看！

救命

加里宁格勒

塔察加半岛

大洋里时区的凹凸是因为
那里有岛屿或群岛。

±12

-11 -10 -9 -8 -7 -6 -5 -4 -3 -2 -1 0 +1 +2 +3 +4 +5 +6 +7 +8 +9 +10 +11

中国是世界上最大的只使用一个区时的国家。在中国的最西部，太阳直到下午3点才到达天空中的最高点。

俄罗斯是横跨时区最多的国家，它跨越了足足11个时区。加里宁格勒的孩子去上学的时候，塔察加半岛上的孩子们已经吃过晚饭了。

时区

在世界上不同的地方，太阳通常不是在同一时间升起和落下的。当澳大利亚迎接黎明时，欧洲的孩子才刚刚上床睡觉。这就是地球要被划分为不同的时区的原因。

在过去很长一段时间里，瑞典都没有一个统一的时间。在斯德哥尔摩和哥德堡（瑞典的首都和第二大城市）之间有大约24分钟的时差，因为太阳在这两个地方升起和落下的时间有所不同。这并不是一个大问题——直到铁路的出现。

可怜的火车司机不得不确认火车经过的每个地方的时间，以按火车时刻表准时抵达。这非常麻烦，然后他们推出了一种完全独立的计时体系，叫作铁路时间。车站时钟采用了双套四枚指针，两枚用于显示当地时间，两枚用于显示铁路时间。事情甚至更复杂了。

1879年，人们终于受够了，瑞典仿照许多其他国家，采用了全国统一的时间。顺便说一下，不同的国家与地区所处的位置不同，日出的时间不同，地方时间也有所不同。因此，人们将全球分为24个时区，东西半球各12个时区。每个时区都有统一的标准时。一些面积很大的国家通常需要横跨多个时区，于是，它们就要采用多个标准时。

一张标明时区的世界地图会被画上很多竖直的线条。但由于很少有国家的边境线是直线，所以这些时区分界线按照国境线常会在这里或那里有很多弯曲。

嗖！

现在是时候飞回地球了。把你自己在太空舱里固定好，我们走吧！

地球这颗行星
从太空看地球

在经历了所有这些太空冒险之后，是时候让我们再次踏上地球坚实的土地了。所以我们就从这里开启旅程，从我们刚刚离开的月球向地球进发。一起来吧，从太空来认识我们的星球。

"地球很小，是淡蓝色的，而它的孤独显得如此动人——它是我们唯一的家园，我们必须把它当作圣物来保护。地球是完美的球体。我想我在从太空中看到地球之前，从来没有真正理解过球体这个词的含义。"

——阿列克谢·列昂诺夫（苏联宇航员）

"当一朵橙色的云——撒哈拉沙漠中沙尘暴的残余物被气流卷起，到达菲律宾，然后随着雨水降落到地面，我知道我们大家都在同一条船上。"

——弗拉基米尔·科瓦廖诺克（苏联宇航员）

"突然间，我意识到了那颗如此美丽的蓝色'小豌豆'就是地球。我伸出拇指，闭上一只眼睛。我的拇指覆盖了整个地球，但我并不觉得自己是个巨人。我感到自己非常、非常渺小。"

——尼尔·阿姆斯特朗（美国宇航员）

"景色非常美丽，但我没有看到我们的长城。"

——杨利伟（中国航天员）
（许多人误以为在太空中可以看到中国的长城。）

外星人会怎么想？

一个碰巧发现地球的外星人会怎么想，怎么猜？当然，地球与太阳系中的任何其他行星都非常不同，尤其是森林和草原形成的绿色块，它们恐怕会让外星人大吃一惊。在宇宙中，绿色是很不寻常的颜色。

当然，我们也不能完全肯定。据我们所知，在太空中看过地球的，只有人类宇航员。

外星人的报告

如果真有外星人，那么以下的文字可能会是它们发给母星的报告：

- 绿色在这颗星球的一些区域占主导地位，它代表某种形式的生命吗？

- 陆地主要集中在这颗星球的北半球。从我所在轨道上的某些位置看，我视野所及的整个星球表面好像被一片巨大的海洋覆盖了。

- 存在活火山，因此推测这颗星球内部很热，地壳较薄。

这样称呼他们！

人们用三个不同的词称呼宇航员。这三个词的意思大致相同，都意味着空间旅行者；这三个词的唯一区别在于它们被用来称呼谁。宇航员（ASTRONAUT）属于美国航天项目；苏联宇航员（COSMONAUT）属于苏联以及现在俄罗斯的项目；中国航天员（TAIKONAUT）则属于中国的太空计划［译者注：中国航天员一词是由"太空（TAIKONG）"+"航天员（ASTRONAUT）"合成的，是被《牛津词典》收录的专用词］。

世界上最孤独的人

当尼尔·阿姆斯特朗和巴兹·奥尔德林在月球表面走来走去时，迈克尔·柯林斯留在指挥舱中绕月飞行，等待他们返回。在那段时间里，他大概觉得自己是世界上最孤独的人了，尤其是当他处在月球背面的无线电阴影中，无法与任何人取得联系时。当阿姆斯特朗和奥尔德林准备返回指挥舱的时候，柯林斯拍摄了一张以地球为背景的"鹰"号登月舱的照片。可以说世界上所有的人都在那张照片里，除了迈克尔·柯林斯。

- 这颗行星的两极存在冰冠，一些区域气候干燥，形成了沙漠。这表明星球不同区域的气候差异较大。

- 这颗行星的地轴是倾斜的，这应该会让距离太阳更远的那部分地区，产生持续一段时间的温度较低的季节。

- 大部分（约71%）的行星表面被液态水覆盖，这增加了生命存在的可能性。

- 在这颗行星周围有一层薄薄的闪光层——大气层！它应该能帮助行星上可能存在的生命抵御一部分外部辐射。

- 大陆板块似乎正在缓慢移动。诞生于不同年代的山脉可能是由板块挤压形成的。

- 星球表面没有新的撞击坑。应该是这颗行星很早就清除了轨道上的碎片。

是时候冲破大气层的热层了。准备好啊，那里十分炽热！

大气层

地球外部包裹着一层混合气体，它保护着我们。现在就来开启一场穿越地球大气层的旅程吧。

完美的角度约为6度。

极小的范围

当我们进入大气层时，我们必须把航天器的角度调整得恰到好处。如果角度太小，我们会被弹回太空。如果角度太大，我们的速度就会太快，以至于我们的隔热罩无法保护我们免受高温侵害。

分层

划分大气层最常用的方法是基于温度的变化规律。

热层，从距离地球表面约80千米的地方开始，其最外层非常热，温度超过1 500℃（普通烤箱温度可达300℃）。外层空间和大气层的边界通常被划在距离海平面约100千米的卡门线上，因此热层的大部分属于通常所说的外层空间。

随着大气层高度的变化，温度既可能变高，也可能变低。你可以在本节页面的最右侧看到大气分层以及对应的温度变化。

人造卫星的作用是什么呢？

人造卫星不太适合放在这一节里讲。它们大多数位于距离地球表面160~2 000千米的高度。除了人造卫星，我们也将空间站和太空望远镜送上太空。

还有一些相对静止的人造卫星——总是对着地球表面上方同一位置，也就是处于地球同步轨道（以便我们可以轻松地将天线对准它们并且锁定）。这些卫星位于赤道上空约36 000千米的高度。

在低轨道上的卫星用于全球高分辨率的光学成像空间实验、环境监测等，而那些最远的卫星则用于通信领域。

50千米

它们可以飞得很高

1973年，一架飞机在11 000米外的高空撞上了一只创纪录的高空飞禽——黑白兀鹫。有人曾在珠穆朗玛峰附近看到大黄蜂在约5 600米的高空飞行，还有人观测到约1 200米高空的帝王蝶。某些种类的蜘蛛可以通过身体后部射出蛛丝，等风带动蛛丝，蜘蛛就可以"飞行"了。一些喜欢冒险的蜘蛛甚至抵达过5 000米的高空。

喷射气流

在对流层的顶部有被称为喷射气流的风。它们从西向东蜿蜒而行，速度可达约400千米/时。喷射气流很窄，但正好身处其中自西向东飞行的飞机可以利用它像冲浪一样被推向前方，既节省时间又节省燃料。

臭氧层

臭氧层是平流层中臭氧浓度相对较高的层次，距地面20~25千米。它是我们抵御太阳辐射中危险的紫外线的主要屏障。

每年9~11月，南极上空的臭氧层都会变薄，但在20世纪80年代，臭氧层变得比平时薄得多。这是因为人类活动排放的某些气体能够加速臭氧分解，其中包括氟利昂——当时被广泛用作喷雾剂和电冰箱的制冷剂。如今这些化学制剂已被禁止使用，臭氧层正在慢慢恢复。

臭氧层

珠穆朗玛峰，8 848.86米，世界最高的山峰

哈利法塔，828米，世界最高的建筑物

10千米

1 500°C

热层 90千米

夜光云

　　夜光云不一定只在夜间出现，如果气象条件符合，我们在凌晨或黄昏也可以见到它。夜光云的形成需要两个条件：首先，在地平线下的太阳从下方照亮云层；其次，在较低温度下，空气中的微小尘粒上形成极小的冰晶。

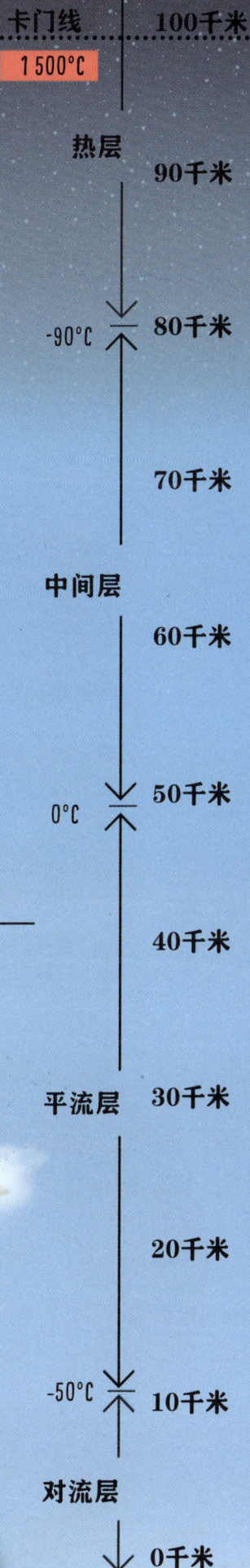

极光

流星

-90°C 80千米

　　太空中的岩石和尘粒在穿过热层时被点燃，它们穿过更低一些的中间层时，我们看得最清楚。

70千米

大气层比你想象的薄很多

　　你的身高有128厘米吗？如果是的话，那就太好了。如果不是的话，请你拿出折尺或卷尺，看一下128厘米有多长。

　　如果你把128厘米看作地球的直径，那么大气层相当于只有约1厘米厚，而人类可以自由呼吸并且生存的那部分空间，只有你身上的牛仔裤布料那么薄。

中间层

60千米

50千米

0°C

云的名字都有哪些?

大气层究竟是什么呢?

　　大气层是包裹地球的一层混合气体（主要是氮气和氧气），同时也有少量颗粒。在大气层中，越向上气体就越稀薄。

40千米

1 **卷云**

2 **卷积云**

3 **高积云**

4 **积云**
（典型的"好天气"时看到的云）

平流层 30千米

5 **珠母云**
（美丽罕见的云彩，在晨曦或暮色中流光溢彩）

20千米

5

6 **卷层云**

1

6

7 **高层云**
（当一片高层云不能让阳光穿透时，它就变成了雨层云）

2

-50°C 10千米

3

7

8 **积雨云**（雷暴云）
（夏季常见，经常在下午带来雷雨）

对流层

4

8

0千米

像球一样圆

想想看：我们生活在一个圆形（准确地说，应该是球状）行星上，是不是很惊人？这是不是意味着生活在南半球的人都是头朝下倒过来的？是这样吗？

如此运转！

为什么行星是球体？

当太阳（或者其他恒星）形成时，它附近的剩余物质——尘埃和各种气体，会像一个大圆盘一样围绕太阳运行。用不了多久，在引力的作用下，它们就会开始聚合。

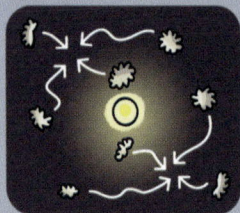

足够大的团块会吸引新的物质，仿佛这些较大的团块在围绕太阳运行的路上"吃掉"了靠近其轨道的所有东西，而它们就是未来的行星。

行星变得越重，它的引力就越强。因为重力指向行星的中心，所以所有物质都会尽可能地靠近中心。

这有点儿像滚雪球。在雪地里滚一下，它就可以沾到更多蓬松的雪。你把它捡起来，握在手里。你越是握紧和按压，你的雪球就会越圆。

像煎饼一样平

传说，古代的水手们总在担心一不小心就会越过世界的尽头。不过，这样的故事纯属编造——两千多年来，不少人都知道地球是圆的，而不像煎饼那样扁平，尤其是水手们，他们早就习惯于看到很远距离之外的船只有高高的桅杆露在外面，而船体则被地平线所遮蔽（这正是因为地球是圆的）。

然而，现今仍然有人相信大地是平的，这听上去很奇怪，但这的确存在。这其中最著名的团体叫作"地平协会"。他们声称地球是一个扁平的圆盘，北极在中间，南极洲是围绕在其边缘的冰墙。我们应该认真对待这个观点吗？我想不需要吧。

地球并不是一个完美的球体……

当地球围绕自己的轴旋转（自转）时，它的两极所受的离心力远远小于赤道附近所受的离心力，因此地球形成了两极区域略扁、赤道附近略鼓的形状。但是我们要实事求是地说，以肉眼看来，地球还是很圆的。

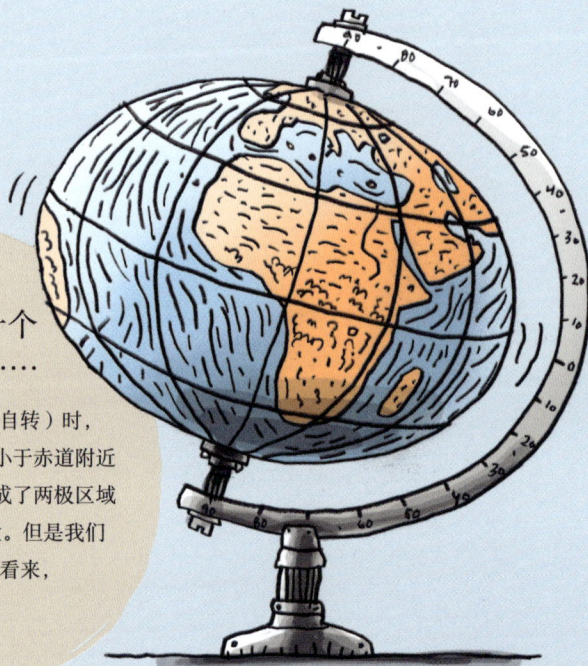

他们为什么不会掉下去？

现在我们来看看：为什么南半球的人们"头朝下"也不会从地球上掉下去？嗯，首先，宇宙中没有任何东西是倒立的。我们之所以能被固定在地球表面上，不是因为我们重量大，而是因为重力把我们拉向地球的中心。我们在地球的哪个区域并不重要——我们的双腿总是朝向地球的中心。

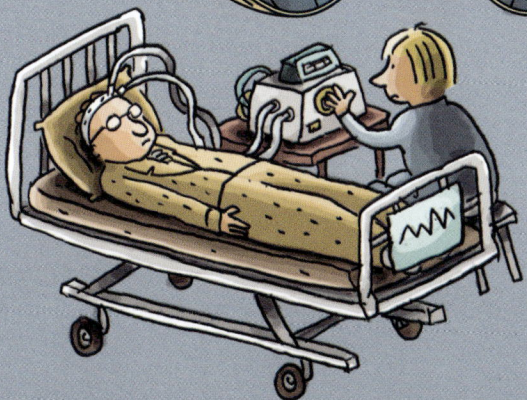

空心的地球

设想一下，如果我们生活在一个空心地球外壳的中控区域，而太阳、众多的恒星及行星都位于这个空间的中央，那会怎样！这个有趣的想法是19世纪一位名叫赛勒斯·里德·泰德的医生提出的。他被电击后昏迷了。当他醒来时，上面这个想法就产生了。从此，他看待世界的方式变得与众不同，还声称太阳是靠电池供电的。所以呢……我们不应该信任泰德医生。

类似的"地球空心论"不时出现。很多人曾设想，当我们在地表行走时，还有其他物种生活在地球的内部。通向地球内部的入口通常被认为位于北极和南极。也许是因为他们看见过极光，并想象这些光是从地球内部泄漏出来的火光或者别的光线。

赛伊尼的水井

据说，古希腊数学家、地理学家埃拉托色尼第一个证明了地球实际上是圆的，他在2 200多年前就有了这个明智的想法。

古希腊有这样一个传说。埃拉托色尼听说在夏至日的正午，太阳正好位于赛伊尼（现在的埃及阿斯旺附近）的天顶（也就是头顶的正上方）。当时赛伊尼有很多深井，而就在正午那一刻，阳光能直射水面，并且没有丝毫阴影。

埃拉托色尼住在赛伊尼以北约800千米的亚历山大港。"如果地球是平的，同样的情况也应该出现在那里。"埃拉托色尼这样想。他选用了一根高柱来验证——但是它却投下了阴影！这一定能证明地球是圆的！尽管有了这一伟大的发现，埃拉托色尼却并不满足。他还测量出了阴影的角度为7.2度，这样一来他也能计算出地球有多大了！

7.2度是一整个圆周度数（即360度）的五十分之一。因此，亚历山大港和赛伊尼之间的距离就是地球周长的五十分之一。你只需将两地的距离（约800千米）乘以50，就知道地球的周长了——大约40 000千米。

在很长一段时间里，埃拉托色尼的计算结果是人们算出的地球周长数据中最接近实际数值的。

旅程继续，我们将要前往地球的内部，所以戴上安全帽吧！

55

地心之旅

你喜欢发现新事物，或者去一些人迹罕至的地方探险吗？如果答案是肯定的，那么你来对地方了，因为现在我们将要钻入地下，去那些从未有人涉足之地。

我们怎么才能知道这些事?

迄今为止，人类钻入地壳的最深距离约为12千米，因此我们必须通过其他方式来弄清许多关于地球的问题。

火山喷发将地幔中的物质带上来。我们还可以通过研究地震波在地球内部的传播变化来判定地球内部哪些部分是固体，哪些部分是液体。

地表各地的重力大小存在差异。我们还可以测量地核中铁的磁性，这也有助于我们推断出地球可能是由哪些物质构成的。

地球的分层

地壳和地幔顶部（统称为岩石圈）形成的板块，漂浮在地幔其余部分的上方。板块边缘相互交汇的区域非常不安宁，那是大多数地震发生和火山形成的地方。

1 地壳

地球的外壳实际上非常薄。如果你的身高是128厘米，我们把它想象成地球的直径，那么地壳厚度大多只有0.5毫米到7毫米（不同地方厚度有很大差异——海底较薄，大陆下面较厚）。如果你的发型是寸头，那么按比例来算，地壳的厚度也就和你头发的长度差不多。地壳成分主要是不同种类的岩石，如片麻岩和花岗岩。

2 地幔

地壳下是地幔，它是地球内部结构中体积最大的一层。地幔主要也是由岩石组成的。这里的部分岩石由于高温和高压的作用，形成了一种类似面团状的物质，并且以缓慢的流速移动，可能一年只能流动几厘米。

在特别热的地方，或者如果压力下降，地幔里的岩石可以变成液态，然后它就被称为岩浆。岩浆可以被挤压到地壳，并且一路向上。当它最终穿透地壳到达地球表面时，就会发生火山爆发。

3 地核

离我们最远的中央区域是地核，主要由铁元素和镍元素组成。外侧的部分（外核）是一个液态层，组成它的物质总是在移动。这里也是地球磁场的来源。地球的内核是实心的，然而它和太阳表面差不多热，这是因为它被重力紧紧地压缩了。

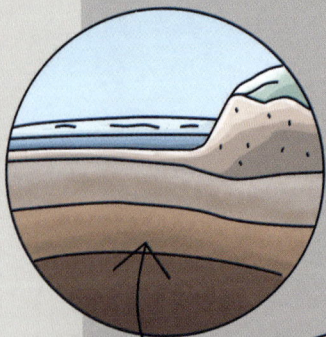

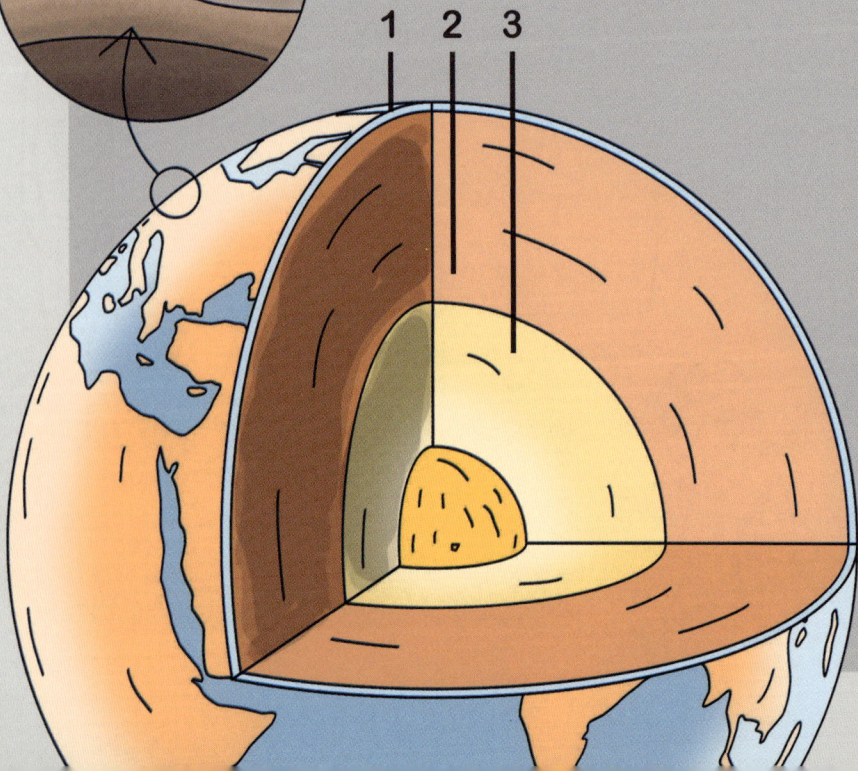

贯穿地球的一跳

如果我们在地上挖一个洞，一直挖到地球的另一边，然后跳进去，那会发生些什么？这当然是不可能的，但让我们暂时假设它是可能的。同时我们假设地球整体都是坚实的，它温度适宜，各处都有同样的密度，所以重力也是完全均匀的。我们从北极挖到南极，或者反过来，否则地球的自转会将我们推向洞壁。最后，我们还要排除所有的空气阻力，否则将会很难预测结果。

好了，现在都准备好，让我们跳吧。首先，我们加速进入地球中心，从那里开始，速度减缓——但速度仍然能让我们继续向地球的另一边前进。确切地说，当我们刚好到达地球另一侧的表面时，速度变为零。很简单，不是吗？这时你所要做的就是迅速抓住洞口，把自己拉出来。

那么用时多久呢？嗯，这大约需要42分钟。

重力火车

想象一下，如果我们能用一个穿过地球的隧道来运输人和货物——速度超快，而且更加环保！当然，直接穿过地球的熔融核心是不可能的。但幸运的是，即使你不从地核中间穿过，同样的原理也可以运转，只要穿过的深度在200千米至300千米之间就足够了（而且所有的旅程仍然只需要42分钟，很有趣吧）。

遗憾的是，我们从未成功地挖掘或钻探到那个深度。如果有一天挖掘这种深洞变得可行的话，我们只需要建造一个真空管道，然后制造出适合在其中运行的车厢就足够了。

死亡区

登山者一般把海拔超过8 000米、高度几乎到达对流层顶部的顶峰区域称为死亡区。

这里空气中的氧气含量非常少，人们很难在氧气稀薄的地方生存下来。所以攀登珠穆朗玛峰的人首先要在较低海拔地区等待合适的天气，然后他们必须在几个小时内到达山顶并返回（即使他们携带着氧气）。

地球内部也有死亡区吗？嗯，这取决于你怎样定义。南非有一座深达4 000多米的金矿，那里的环境极为恶劣，如果没有氧气供应，矿工根本无法生存和工作；而且矿中的空气必须一直被冷却，因为你越往下走就越热。

对跖点

地球同一直径上的两个端点互为对跖点。它大概的意思就是"脚对脚"——地球另一端，脚底与我相对的位置。在中世纪，欧洲人喜欢那些关于类人怪兽的故事。与此同时，人们对南半球知之甚少，许多人认为那里的一切都是颠倒的。

传说，"独脚人"只有一只巨大的脚，直指空中。它可能看起来不是很实用，但skiapod这个词在希腊语中的意思是"带来阴凉的脚"。从字面意思我们就知道了，这只脚用起来就像一把遮阳伞。

地球看起来总是一成不变的吗？完全不是。快去看下一章，你就能了解更多了！

地球的历史

地球已经存在了大约46亿年。地球上的生命没有那么古老，而地球上的生活也并不是一成不变的——万物生灵就像这颗行星一样，经历了数十亿年的变化。

这一切都是紧密相连的。

氧气出现。

当你阅读"地球的历史"这一章时，你可以随时返回此页面，这里有一个清楚明了的概览。

雪球地球

最古老的化石

冷却阶段，生命出现。

真核生物——
由有细胞核的细胞
构成的生物诞生。

恐龙出现。

哺乳动物成为新"霸主"。

最早的人类出现。

最早的苔藓植物、陆地脊
椎动物和昆虫纷纷登场。

第一条脊椎鱼出现。

寒武纪生命大爆发。

59

大轰炸（后期重轰炸期）

早期的地球炽热无比，到处都是喷发的火山，是不适合居住的。那时，保护地球的臭氧层还没有出现，地球上也没有水，也没有迹象表明有一天地球会充满生机。

有学者认为，月球是在地球与矮行星忒伊亚的碰撞中形成的，但这并不是地球遭遇的唯一一次大危机。地球诞生之初，太阳系到处是飞来飞去的余留物质，月球和地球很快就被撞得伤痕累累，表面布满了陨石坑。

彗星撞击也很常见，水可能就是通过这种方式来到地球。来自彗星的冰融化并蒸发形成云。那时还没有海洋或湖泊，但水仍然是生命起源的重要一步。

冷却

在那之后，地球开始降温并形成了一个固态的地壳，将其内部的热量与地表隔绝。云中的水分子以雨的形式落下，汇聚成湖泊和海洋，为生命的诞生做好了准备。

一些人认为，生命来自一个温暖的浅海湾，在那里一些构成生命的基本物质由闪电激发形成。还有人认为，这一切始于化学反应，要么是在海洋深处的火山里，要么是在地下的裂缝中。有些人甚至认为，生命可能来自宇宙，被彗星或陨石带来地球。

无论如何，一个类似于细菌的原始细胞形成了。相似的过程有可能在不同的地方发生了很多次，其间也产生了许多不同种类的原始细胞，但只有一种幸存下来，因为地球上的所有生命，从真菌到蓝鲸，都源自同一原始细胞。

最古老的化石

几乎每年夏天，海洋中都会出现大面积的蓝绿色水藻，这被称为水华。人们不能在发生水华的水里游泳，那样既不舒服也不健康。

实际上，水华是由一种叫作蓝藻的生物构成的，它们的祖先是我们所知道的最古老的生物。这些古老的生物有些生长在浅海湾，数量众多，以至于它们与淤泥混合，形成被称为叠层石的垫状或团块状岩石。叠层石是我们发现的最古老的化石。

在地球历史的近一半时间里，蓝藻是地球之王。之后它们慢慢成为众多生命形式中的一种，但它们今天仍然存在。

原始细胞

叠层石

46 亿年前	地球形成。	40 亿年前
冥古宙（约46亿年前~约40亿年前）		原始细胞
后期重轰炸期，水来到地球。		地球冷却

化石

化石通常是留存在岩石中的动物或植物的遗体，也可以是留存在岩石中被石化的印迹，或者是被掩埋的贝壳的成分重新结晶成的一种新矿物（通常是方解石）。

最常见的是各种贝壳或骨骼的化石，那些柔软的部分在石化前就消失了。

腕足动物化石

氧气来了！

绿色植物中含有一种叫作叶绿素的色素。它被用于制造有机物和氧气，这被称为光合作用。光合作用对地球上的所有生命都是超级重要的。光合作用产生的氧气是人类和所有动物呼吸所必需的物质。

最初，地球大气中的氧气含量非常少，而且本就不多的氧气基本被困在地壳中。后来，有些早期的细菌开始产生叶绿素，光合作用和游离氧的形成就变得很快了。

奇怪的是，氧气对于大多数早期生命是致命的"毒药"，那时的多种生命可能因此灭绝。幸运的是，地球上有大量的铁元素。铁原子会与氧原子结合，空气中的氧气含量因此降低，一些有机生命体便有机会存活下来。

当地球表面的所有铁都转化为氧化铁时，大气中的氧气含量又会上升。但那时生命已经进化，氧气已不再是一种威胁了；而且对于某些生命形式来说，氧气甚至成为必不可少的存在。

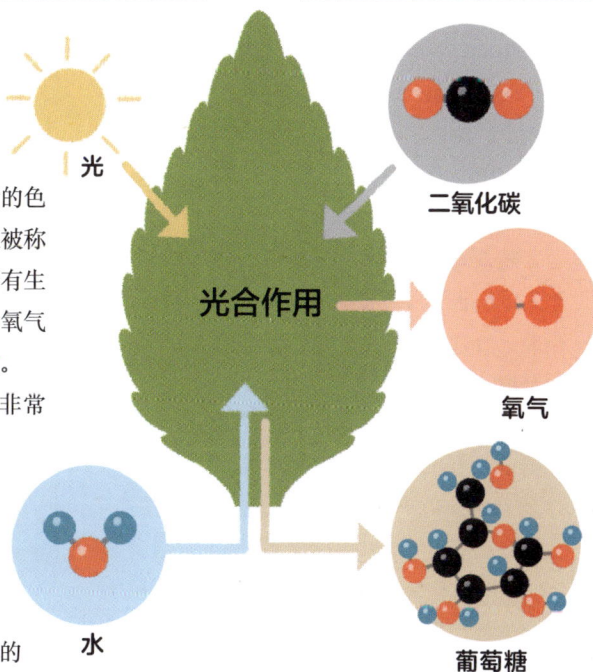

光

二氧化碳

光合作用

氧气

水

葡萄糖

植物（以及之前提到的蓝藻）吸收太阳能，然后在叶绿素的帮助下，将水和二氧化碳转化为其生存和生长所需的糖类。在这个过程中产生的游离氧被释放到空气中。

古老的山峰

瑞典中部的山脉含有大量的铁矿，其中有一部分可能是在蓝藻开始进行光合作用的时代形成的氧化铁。人们常说，瑞典是因为铁矿石而变得富裕的国家。

为此，还是要谢谢你，蓝藻。不过对于水华这件事，我可能还是不能原谅你。

但是最早的生物体是如何变成今天的动物的呢？继续阅读，你会发现答案。

35亿年前	30亿年前
最古老的化石（叠层石）	太古宙（约40亿年前~约25亿年前）
氧气出现。	

有关真核生物的事情

生命诞生之初，地球上只存在类似细菌的简单生命，它们由没有细胞核的单细胞构成。换句话说，它们是非常简单的生物体——因为没有细胞核，就不可能构成更复杂的东西。

随着时间的推移，又出现了几种不同类型的单细胞生物。有些含有叶绿素，有些则没有。后者中的一些开始追捕并吃掉那些有叶绿素的"幸运儿"。

狩猎和进食需要更复杂的结构，为此它们需要一个带有遗传物质的结构。于是，生命就此向前迈出了一大步，真核细胞——也就是有细胞核的细胞出现了。多令人激动啊，对吗？如果我告诉你，你就是一个真核生物体呢？我也是，我们和所有其他动物一样。还有所有的高等植物和真菌，也都是由真核细胞构成的。

那些早期的可活动单细胞生物看起来应该很像现在仍然存在的草履虫（它们是一种单细胞动物，形状是不是很像草鞋底？）。

红藻化石

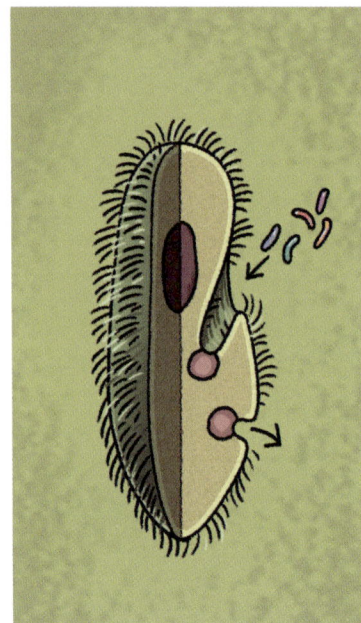

草履虫

史前的寿司

你喜欢吃紫菜吗？如果你的确喜欢，那你一直在吃古老的植物——红藻的近亲。

一切都发生在水中

这一节提到的所有生命都生活在水中，或者可能是在地壳的裂缝中。几亿年后，一些植物和动物才会来到陆地上。

| 25亿年前 | 20亿年前 | 元古宙·古元古代（约25亿年前~约16亿年前） | 15亿年前 |

第一个有细胞核的细胞（真核生物）出现。

最早的多细胞动物

现在，我们终于迎来了那些拥有多个细胞并且可以自由行动、进食和繁殖的生命体。人们发现的最早的动物存在的证据之一，来自一个被称为埃迪卡拉的生物群的化石，它的名字来自一个澳大利亚地名。人们在那里发现了大量动物化石。

这些动物可能不是人类的祖先，因为它们中的大多数似乎很早就灭绝了。我们的祖先更有可能是某种蠕虫，因为人们相信那时已经有蠕虫了——但是它们的身体太软了，所以没能形成化石，从而被保存下来。

一种还是多种细胞？

多个细胞需要融合起来，作为一个整体的多细胞生物体，协同运作可能是有好处的。

这种结合可以通过两种不同的方式发生：要么有很多相似的细胞连结在一起，可能是长长的一串，然后它们作为一个整体共享营养物质；要么有机体由不同类型的细胞组成，每种类型都有自己的任务，就像你的肌肉细胞、血液细胞、脑细胞、皮肤细胞……嗯，你明白的。在这种结合方式中，细胞核是非常重要的，因为其中的基因组不仅告诉不同的细胞应该如何构建，还告诉它们应该如何协同工作。

雪球地球

从生命的起源到多细胞动物的出现用了很长时间。有一种理论认为，这是因为地球在几亿年的时间里几乎完全冻结，以至于从太空看，它几乎完全是白色的。

没有人能确切知道这到底是不是真的，但这个理论可以解释为何当冰河时代结束时，生命的发展出现了一次大飞跃，崭新的地球生命开始出现。

在这一节，我们就学这么多吧。在下一节，我们看看在这个时段的尾声发生的事情，然后我们前进的时间单位也要从十亿年换到千万年。

现在，我们就要抵达寒武纪生命大爆发期了，出发吧。

腕龙

寒武纪生命大爆发

起初，地球上生命演化的进展是非常缓慢的。经过了将近40亿年的时间，地球上也只是有了一些藻类，也许还有几条蠕虫什么的，但接下来要发生更多事情了。

许多动物物种在接下来的几千万年内出现——在地球历史上，这是一段非常短暂而且突然的时期。它被称为寒武纪生命大爆发。到目前为止，还没有人知道它会在那个特定的时期（5.39亿年前）发生的真正原因。

海洋中一下子就充满了生机。三叶虫（一种节肢动物）以及许多其他动物陆续出现。

植物

大约4.7亿年前，苔藓植物出现了。最早的森林很快也出现了，其中最常见的是蕨类植物。不过，针叶树还需要再等8 000多万年才会登场。稍晚一点儿，地球上出现了恐龙可以享用的草（水稻的远亲）和花朵。

三叶虫

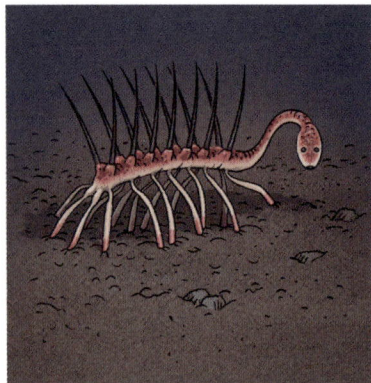

怪诞虫

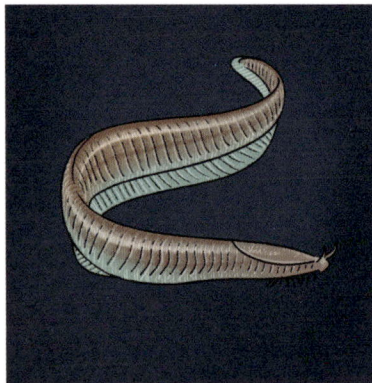

皮卡虫，一个寒武纪中期的物种，据推测可能是我们人类的祖先。

脊椎

无颌类被认为是脊椎动物的祖先。脊椎为动物的躯体提供一根基础支柱，然后让躯体围绕它来构建，这种聪明的方法从这时起变得非常普遍。

——— 鳍变脚 ———

青蛙的幼体——蝌蚪生活在水中，但完全发育成熟的青蛙，也可以生活在陆地上。这让人怀疑两栖动物就是最早出现在陆地上的，对吧？事实很可能就是这样的。

怎么会这样呢？好吧，想象有一条鱼，它的鳍慢慢变成腿，这样它的样子就很接近鱼石螈了。鱼石螈是陆地上最早出现的脊椎动物之一。也许它常使用它的腿在不同的水体之间移动（同时仍然会潜水游泳）。

5.39亿年前	5亿年前	4.5亿年前	4亿年前	3.5亿年前	3亿年前
			古生代（约5.39亿年前~约2.52亿年前）		
寒武纪生命大爆发。	最早的脊椎动物出现。	苔藓植物出现。	最早的森林出现。最早的陆地脊椎动物出现。		最早的爬行动物出现。

昆虫

科学家发现，昆虫在地球上已经存在了至少4亿年，它们几乎遍布世界各地。昆虫学家估计，它们已经分化出数百万个种类。好在昆虫的体形较小，否则我们人类就没有地方生存了。

但它们并不是一直都是这样的。大约3亿年前，蜻蜓算得上是飞行界的"王者"，它们扇动翼展超过70厘米的翅膀，在遍布沼泽的森林中飞来飞去。

它们为什么会长得这么大？好吧，也许是因为当时的空气中有更多的氧气；而且，那时还没有出现捕食昆虫的鸟类。

暴龙

恐龙

一些两栖动物进化成为爬行动物。爬行动物一般一生都生活在陆地上，产卵和孵化时也在陆地上。其中一些爬行动物最终演变成了恐龙，恐龙在很长一段时间内是地球上的统治者。恐龙有多种多样的体型和大小——其中一些堪称有史以来最大的陆地动物。

究竟哪一种恐龙体形最大，我们不得而知。很多结论都是基于骨骼化石的推测，但是最惊人的家伙肯定是那些巨大的、具有长颈的植食性恐龙。高胸腕龙是已经发现有几乎完整骨骼的物种之一，它的重量可能超过50吨（相当于10头成年亚洲象的重量）。

最恐怖的"蜥蜴"

暴龙是已知体形最大的食肉动物之一，从鼻子到尾巴尖大约长13米。它的牙齿可能有30厘米长（包括牙根）。嚯嚯！

暴龙在约6600万年前与其他恐龙一起灭绝了。这个物种只存在了几百万年。

幸存者

有些科学家认为，大约在6600万年前，一颗小行星撞击地球，天空被灰烬和尘埃所笼罩，光合作用几乎完全中断了。因此许多植物死亡了，失去食物的植食性动物随即消失——这样一来食肉动物的食物也没有了。恐龙时代就此结束，至少这就是最常见的理论。

但有一类恐龙仍然存在，那就是具有飞行能力的恐龙。其中一些与当时已经灭绝的始祖鸟关系密切。始祖鸟和乌鸦差不多大，牙齿和尾巴像恐龙，但羽毛和翅膀却像鸟。它可能只能滑翔一段距离，但在一个其他生物都只能爬行或游泳的世界里，这是个很大的优势。

所以问题来了：这些始祖鸟的近亲究竟是恐龙还是最早的鸟类？我们所知道的是，今天所有的鸟类都是由恐龙进化而来的。

在下一节，我们看看这段时期的尾声的一个片段中发生的事情。

那么人类呢？好在我们在本章中还有一节。翻过去看吧。

2.5亿年前	2亿年前	1.5亿年前	1亿年前	5000万年前
			中生代（约2.52亿年前~约6600万年前）	
最早的翼龙出现。		始祖鸟出现。 最早的有花植物出现。	恐龙灭绝。	

恐龙时代：约2.3亿年前~约6600万年前

新的统治者

恐龙的数量越来越少，哺乳动物逐渐走到了舞台中央。在这之前，它们一直都是弱小的生物，但现在世界是它们的了！

哺乳动物在进化过程中体形增大，并且迅速在全球范围内扩张栖息地——其中部分原因是它们属于温血动物，可以适应许多不同的气候。

灵长类和类人猿

随着恐龙的灭亡，哺乳动物的一个分支——树栖灵长类动物进化形成。早期的灵长类动物具有一些重要的特征，例如，高度活动的肩关节、向前看的眼睛和提供良好抓握能力的对生拇指，我们今天依然能够因这些特征受益。

在大约1700万年前，一些灵长类动物演变成为与人类的亲缘关系较近的猿。这些猿之后又分成两个分支：一个分支最终通向红毛猩猩；另一个分支带来了大猩猩、黑猩猩、倭黑猩猩和人类。

人类的祖先

关于人类的起源，还有很多我们没有搞清楚的地方。所以，也许只需要有人找到一根指骨化石，历史就要被改写。

至少我们确信，人从猿中分化出来的时间点是在距今800万年前到400万年前的某个时候。最明显的迹象包括我们的祖先开始直立行走，并拥有容量更大的大脑。所有这些都发生在古老的非洲大地上。

真正的人类

大约在240万年前，出现了真正的人类（这时期的人类被称为"完全形成的人"），即生物学上的人属。他们开始使用简单的石器，这个已知的物种也被称为能人。

所有后来的人类物种都是从能人进化而来的，是的，历史上曾经存在过属于不同物种的人类。例如，大约30 000年前生活在欧洲的尼安德特人。但后来只剩下智人了。

对，这关系到你和我。我们都是智人。

弗洛勒斯岛上的矮人

人类的物种分几批离开了非洲，有的甚至远至印度尼西亚。在弗洛勒斯岛上，发生了一件奇异的事情——那里曾生活着一群"小矮人"，他们身材矮小、四肢细短，身高大约只有1米，体重25千克左右。

这可能发生在那些生活在食物短缺的拥挤地区（通常是一个岛屿）的物种身上。例如，在弗洛勒斯岛上，还发现了迷你剑齿象的化石。

6 600万年前	6 000 万年前	5 000 万年前	4 000 万年前	3 000 万年前	2 000 万年前

恐龙灭绝。　　　第一批灵长类出现。

如果将地球历史压缩为一年……

要真正理解地球形成以来的全部历史进程，几乎是不可能的，但如果我们想象一切都在一年之内发生，也许会容易一些。那么，假设在1月1日新年钟声响起时，地球形成了——而你恰好在整整一年后读到了这篇文章。

12月31日23:59：你出生了

- 12月31日23:25：智人出现。
- 12月30日：人类与猿分离。
- 12月30日：类人猿出现。
- 12月26日：灵长类出现。
- 12月26日：恐龙灭绝。
- 12月20日：有花植物出现。
- 12月13日：哺乳动物出现。
- 12月12日：翼龙出现。
- 12月10日：恐龙的全盛期开始。
- 12月6日：飞行昆虫出现。
- 12月3日：爬行动物出现。
- 11月30日：陆地脊椎动物出现。
- 11月28日：陆生昆虫出现。
- 11月23日：苔藓植物出现。
- 11月18日：脊椎动物出现。
- 11月17日：寒武纪生命大爆发。
- 11月13日：多细胞动物出现。

- 1月8日：月球形成。
- 2月9日：第一个细胞形成。
- 3月30日：氧气出现。
- 7月21日：多细胞生物（真核生物）出现。

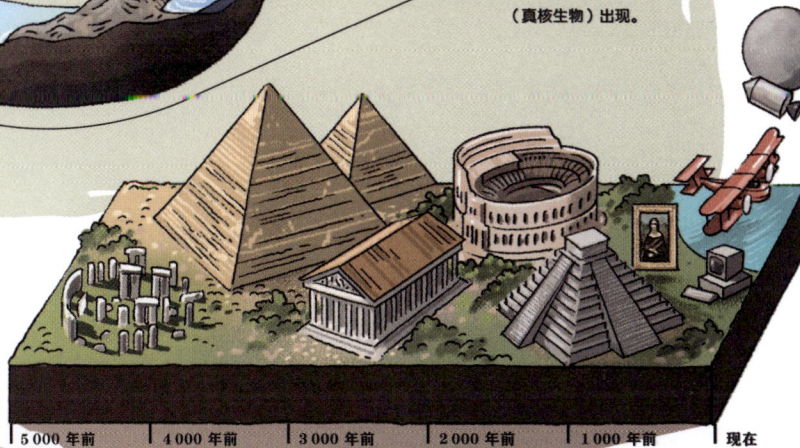

5 000 年前　4 000 年前　3 000 年前　2 000 年前　1 000 年前　现在

传说，此时埃拉托色尼证明地球是圆的。

300 000 年前　　200 000 年前　　100 000 年前

尼安德特人

当代人类——智人，在这里的某个时刻出现。

末次冰期

智人成为地球上唯一的人类物种。

第一批人类抵达美洲大陆。

弗洛勒斯人出现。

明的某个时刻，　最早的完全形成　直立人出现。
中分化出来。　　的人能人出现。

生命开始了，地球不再是原来的样子。继续往下阅读，你将看到……

地球一直在变化

陆地变成海洋，大陆之间发生碰撞。有些地方形成了新的山脉，另一处一整个岛屿消失了。地球一直在变化，有时缓慢，有时迅猛。一切都有可能发生。

冰岛

大平洋

大西洋中脊（大西洋中脊）

板块

正如你在前面读到的，地球的地壳和地幔顶部被分成一些板块。这些板块在不停地移动，要么朝向对方，要么相互远离，或者在擦身而过的同时产生摩擦。

这些板块间的运动导致地球一直在变化。大陆分开或一起移动，而板块的交汇处比其他地方更加动荡，那些交汇处有更多的地震和火山喷发。

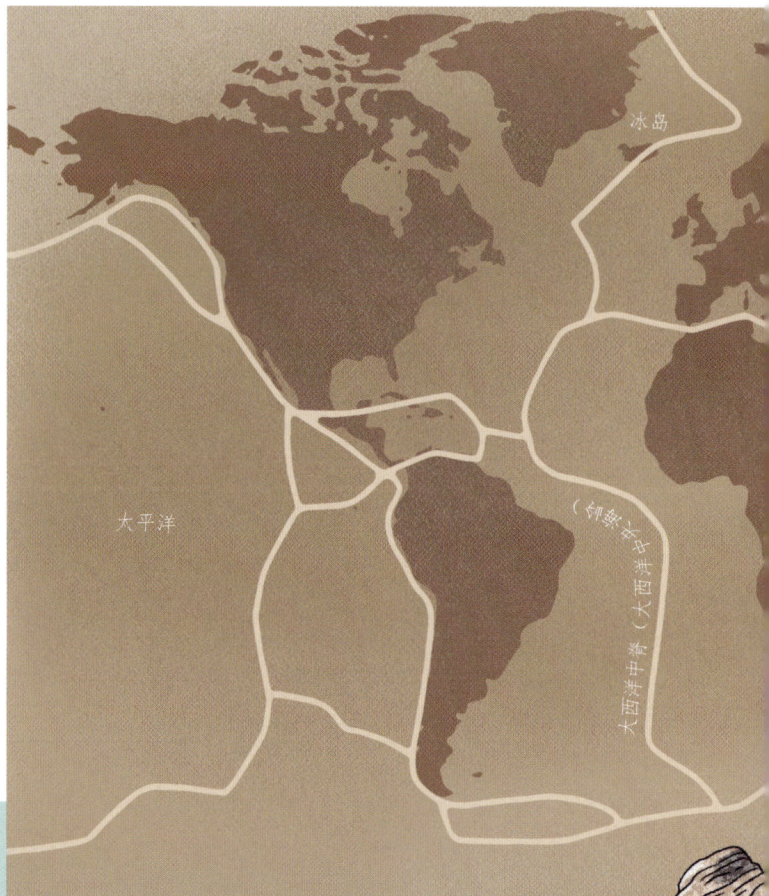

板块相遇和分离的地方会发生什么？

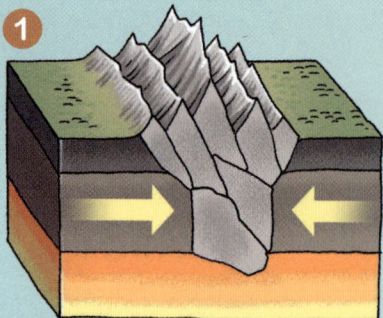

1 当两个大陆板块相遇时，它们的边缘发生碰撞并产生挤压，形成喜马拉雅山脉这样的高山。

2 如果一个大洋板块和一个大陆板块相遇，密度较大的大洋板块被推到大陆板块下面，消失在地幔中，并且沿着交汇处的地缝形成深海海沟，在它上面会有一连串的火山或火山岛，形成新的陆地。这种情况今天正在太平洋周围发生。

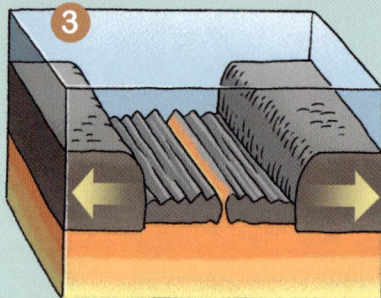

3 当两个板块在海底分离时，两者中间产生的缝隙就会被下边的岩浆填满，然后形成新的大洋地壳。它可能成为一整条水下山脉，通常中间有一条裂缝叫作中央裂谷。在陆地上，随着板块背离彼此滑动，地面上会形成裂缝或凹陷。

岩浆生成陆地

这一切都始于1963年11月冰岛附近海域的一次火山喷发。一层又一层的熔岩堆积起来，很快熔岩山就冲出了水面。一个全新的岛屿形成了，它被命名为瑟尔塞岛。

对于科学家来说，这可是梦想成真。在这片全新的土地上，我们将有机会了解生命如何到来，因为这是一定会发生的！

遗憾的是，由熔岩和火山灰构成的这片岛屿，岩石质地松软并且多孔，受风和海浪侵蚀，岛屿面积逐渐变小。另外两个同时出现在附近的较小岛屿几乎一形成就消失了。

盘古大陆

当整个世界连接在一起的时候

你有没有注意到非洲和南美洲看起来就像两块刚好可以拼在一起的拼图？那是因为它们曾经连接在一起。在恐龙全盛时代的早期，几乎所有的大陆都集中在一块完整的大陆上，它被叫作盘古大陆或泛大陆。

不停建造陆地的生命

骨骼和贝壳中都含有丰富的钙。有一种含有大量钙元素的岩石叫石灰岩。你能猜到它们之间的联系吗？石灰岩的一个主要来源就是珊瑚和软体动物外壳的化石。

顺便说一下，珊瑚虫在活着的时候就已经在建造陆地（即使身处水下）了，它们建造的就是珊瑚礁。珊瑚礁可以长得非常大，大到形成一整个岛屿。或者说，有些岛屿本身就是由珊瑚礁和填满其间的碎珊瑚构成的。

侵蚀

只要时间够长，风和水可以磨掉一整座山。一个最明显的例子就是一条河流在几千年甚至几百万年的时间里，会在河床的基岩上刻下它的足迹。在美国的科罗拉多大峡谷，科罗拉多河床已经下降了超过1800米。这个过程被称为侵蚀。

另一个例子是瑞典哥得兰岛独特的石灰岩地貌。海水侵蚀掉了较软的石灰岩和泥灰岩，而较硬的珊瑚石灰石留下来了，形成独特的怪石景观。

冰河时代（又名冰期、冰川时期）

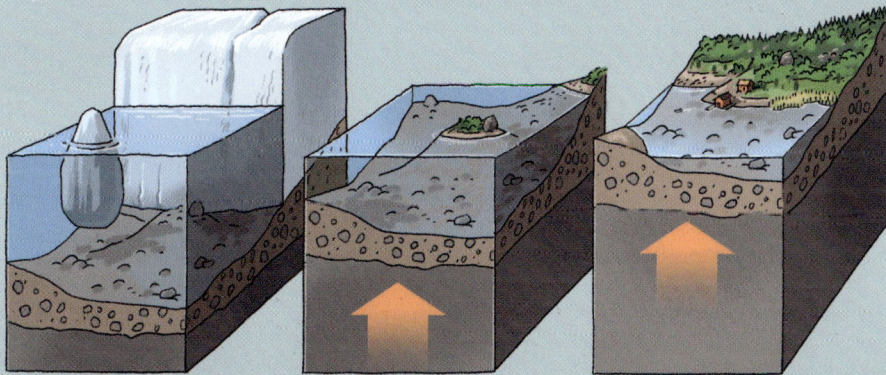

地球的气候时常发生变化。例如，当气候变冷时，靠近北极或南极的地区可能会被几千米厚的冰层覆盖。

大陆冰川（也叫作冰盖）会在许多方面改变地球。例如，它裹挟大小不一的岩石碎屑并将其搬运到不同地方。冰自身也非常重，以至于冰川下面的地面会下沉。

当冰川融化的时候，巨大的水量被释放，导致海平面上升，大面积的海岸沿线区域可能变成海床。随着时间的推移，冰川渐渐消融，地面也会再次慢慢上升。这就像一个皮球在你停止挤压后会恢复原本的形状一样，这个过程被称为陆地抬升。尽管末次冰期在大约1万年前就结束了，时至今日瑞典的一些地区依然还在上升（每年几乎升高1厘米）。

地球的许多变化都与水有关。
继续翻阅，你接下来就会看到……

水的付出和收获

地球正在经历的许多变化都与水有关——我们地球上有如此多的水。有时人类也参与其中，无论是好是坏。

第一批美洲人

在陆地彼此连通后，陆地动物的迁移变得容易了一些。

北美洲曾经与亚洲相连。现在被称为白令海峡的地方曾是一条地峡。据说在大约14 000年前，一群人（可能是跟随着猎物）从西伯利亚走到阿拉斯加，成为第一批美洲居民。这就解释了为什么大约13 500年后第一批跨越大西洋的欧洲人，在抵达美洲时能够遇到早已在那里定居的人。

流动的水

无论大河还是小溪，它们的源头通常来自地下水、雨水或融化的冰雪，它们在从高处流向大海的途中常常会形成急流、瀑布（地形狭窄或落差大的地方）或湖泊。

在许多地方，流动的水被筑起的大坝阻拦，形成水库，用于灌溉或为城镇供水。

在很多国家，水电站大坝在河流中很常见。这些大坝上有闸门，当它们被打开时，水流过涡轮机，从而将水能转化成电能。这种方法简单高效，而且水电本身是环保的——不过这么多的水坝也会改变地貌等自然环境，从而影响甚至破坏动植物的栖息地。

被遗忘的陆地

你听说过多格兰吗？没有？我猜你也没有，因为多格兰已经被海水淹没，成为一座"水下之城"。

多格兰位于现在的北海，在英国和欧洲大陆之间。那里曾经有大量的动物可供狩猎，还有许多淡水河流。换句话说，那是一个非常适合居住的地方——直到冰期结束。

冰川融化后的巨大水量导致海平面上升，海平面可能上升了超过100米。在6 000年到7 000年前，多格兰最后可见的部分也消失在海浪之中了。

西伯利亚　　阿拉斯加

多格兰

英国

湖泊

湖泊在地面的凹陷处形成，这些凹陷可能是冰川留下的。水随着河流涌入——或者仅仅是来自周围较高的区域。另外，湖泊里的水还有一部分是来自雨雪。

如果人们在采矿或采石的过程中造成地面塌陷，那里也可能会形成湖泊。

来自冻土层的威胁

在亚寒带针叶林带以北的苔原地区，地面通常全年都是冰冻的，也就是说土壤中的水被冻结了。但在许多地方，气候变暖导致苔原土壤中的冰开始融化。冷冻的植物突然暴露在空气中，细菌立即开始分解它们。这会产生大量甲烷，同时也会产生少量二氧化碳。这两种气体都是阻止热辐射离开地球的温室气体。

冻土层的融化会产生雪球效应。被释放出来的甲烷使土壤变暖，然后更多的冻土融化，释放出更多的甲烷，并如此循环下去。这也是我们需要尽快放慢发展速度的另一个原因。

海中的陆地

荷兰是一个地势很低的国家。这里的大部分地区甚至低于海平面，在不久以前还是海底。

这是怎么发生的呢？嗯，荷兰一直是一个人口稠密的国家，在很小的土地上生活了很多的人。在这里，人们需要更大的空间和更多的耕地。因此他们决定把土地变大——在海边浅水区筑起堤坝，再把水抽出去。早在14世纪，荷兰就开始兴建堤坝。从那时起，消失在海底的多格兰逐渐"浮出水面"。

不过要想保持脚下干燥是有代价的。如果荷兰人停止抽水和维护堤坝，大海将很快重新"接手"。

全球变暖危机

水资源在全世界的分布并不均匀。一些国家有充足的淡水，一些国家则非常缺水。随着全球气候变暖，情况可能会变得更糟。不幸的是，这对贫穷国家和地区更是雪上加霜，因为财富与淡水的获得密切相关。

气温上升还可能导致许多其他问题。如果格陵兰岛和南极的冰川融化，海洋的水位会上升——这将导致低洼地区发生洪水，迫使生活在那里的人迁移。洋流也将受到全球气候变暖的影响，部分因为风向会发生变化，部分由于海水与冰川融化的淡水混合，导致盐度降低。洋流变化也将影响一些国家或地区的气候，比如，很有可能湿润地区会变得更加潮湿，而干燥地区会变得更加干旱。

海洋

莱茵河

用堤坝和水泵在海中"开垦"的土地

水泵

在下一页，你可以了解更多关于地球气候变化的信息，以及我们可以做些什么尽可能让它在将来变好。

一颗越来越热的星球

这个章节的内容可能会令人有些不安，甚至让你觉得有些害怕。尽管如此，但这些内容很重要，因为我们不能对地球正在遭受的威胁视而不见。如果我们要对此有所作为，就必须先了解清楚现状。

温室效应

太阳能加热地球表面，然后热量会以热辐射的形式返回太空中，但不是全部，因为大气中存在一些温室气体，它们可以截留一些热量，并将其中一部分返还给地球表面，从而使地球表面被再次加热。这就是温室效应。如果没有温室效应，地球表面将会变得非常寒冷。但温室效应是一个敏感的系统，更多的温室气体会使地球变得更暖，反之会使地球变得更冷。

温室气体包括水蒸气、二氧化碳、甲烷（死去的植物和动物腐烂，还有牛放屁时，也会产生这些气体）等。这些天然的气体一直都存在于大气中，但是现在它们变得太多了。

温室的玻璃让阳光照射进来，然后保留热量，使温室里的温度非常适合种植作物。温室气体也是这样起作用的，这些气态"玻璃"使地球看起来像一个巨大的温室。问题是，当这个巨大的温室变得过热时，我们没办法打开一些窗子来通风降温。

为什么会这样呢？

19世纪，工业发展改变了世界。人们从农村搬到城市，开始在工厂工作，为了生活而四处奔波。

人们生产、生活都需要能源，煤炭、石油等燃料能为工厂和汽车提供动力。温室效应增强和全球变暖加速，可能是因为大量使用煤炭、石油、天然气等化石燃料。它们内部的碳元素来自被储存在地壳中的古代植物和动物。当我们将它们用作燃料时，碳会被释放出来，变成温室气体二氧化碳，扩散到大气中。

地球上曾有过几个气候稳定的时期，其形成原因之一是大气中二氧化碳的含量大体稳定。但是，当我们开始大量燃烧化石燃料时，大量之前被封存在地下的碳就以二氧化碳的形式被释放出来了。

全球变暖

更强的温室效应正在使地球变得越来越热，这被称为全球变暖。就在几年前，人们还在争论全球变暖是否真的已经发生，气候变化还是依然处于正常的范畴，但是现在的测量和计算表明，温度已经上升了很多，而且还在持续。我们实际上可以肯定地说，气候已经发生了改变。全球变暖正在发生，你不信也没有用。

19世纪

采油

我们该何去何从？

当然，我们还不能确切知道地球气候变暖会有什么样的后果，但大多数人相信，这会导致沙漠扩张，极地和高山冰川加速融化。

科学家相信，极端风暴会变得更加频繁，并且还会影响以往温和平静的地区。自然灾害的后果也很可怕，想象一下已经受到海平面升高威胁的海岸遭受海啸袭击，将会导致多么可怕的后果。农业也会受到气候变暖影响，我们还不确定有哪些作物可以承受更高的温度或更极端的天气。

像大多数情况一样，贫穷的地区在全球气候变暖过程中也会遭受较大的损失。气候恶化对于那些无力搬家或改变生活方式的人带来的打击总是最严重的。

我们能做些什么呢？

我们必须先减缓城市发展速度，然后再设法扭转当前的状况。这听起来很简单，但这将迫使我们以新的方式生活。

第一步是减少化石燃料的使用，然后逐渐将其淘汰。有人说，我们应该等待非化石能源（如太阳能和风能）技术充分发展后再做出改变，但是我们真的没有时间等待了。

所以我们必须从现在开始以完全不同的方式生活吗？那倒不用，但我们需要用更有智慧的方式生活，这样我们才能尽可能少地影响气候。我们可以吃更健康的食品；更长久地使用我们现有的物品，而不是总去购买新的；更多乘坐火车或新能源汽车。这些只是几个例子而已。

20世纪初

21世纪

城市化

全球化

不要惊慌！

你是否也被我们所面临的威胁吓到了？这感觉如此沉重，如此恐怖。不过，如果我们的恐惧能够让我们警醒，而不是害怕到惊慌失措和放弃挽救地球，那就还有希望。

我们现在为保护环境所做的一切努力，将使我们的星球在未来更加美好。你和你的后代将生活在更加美好的未来！

地球作为一颗星球的特殊之处在于，
这里有众多不同种类的景观和地貌。
这些就是下一章要讲的内容。

地球环境
蓝色的星球

有人说，地球应该被称为海球才更贴切，因为地球表面的水域面积比陆地面积大得多，地球表面超过70%的面积是海洋，陆地上还有湖泊和河流。

照射到这里的阳光足以支持植物进行光合作用。

—— 0 米

部分阳光可以照射到这里（在更深的地方，几乎是完全黑暗的）。

—— -1 000 米

—— -2 000 米

世界上潜水最深的哺乳动物可达水下3 000米左右。

—— -3 000 米

—— -4 000 米

表面之下

如果地球表面像一颗桌球那样平坦光滑，那么海洋就会有大约2 600米深，并覆盖整个地球。不过对我们来说幸运的是，地球有不少深达几千米的凹槽和裂缝，可以吞下大量的水——否则地球从太空中看起来可能就会像天王星或海王星了！

这就是地球的运转方式。海洋和湖泊存在于地表大大小小的凹陷处，重力将一切都拉向地球的中心。由于水是流动的，它总是在寻找最深的地方，也就是最接近地球中心的地方。

—— -5 000 米

海沟

—— -6 000 米

—— -7 000 米

马里亚纳狮子鱼生活在马里亚纳海沟7 000～8 000米深处。

世界上最古老的鲨鱼？

皱鳃鲨是一种罕见的深海鱼。它们不能被养在水族箱里，因为它们无法适应浅水区的水压。

皱鳃鲨属于一个非常古老的鲨鱼属，人们已经发现了其祖先在8 000万年前的化石。因此，即使在恐龙灭绝时，这个鲨鱼物种就已经很古老了。

它们的牙齿是怎样的？好吧，它们并不漂亮，但肯定很适合捕捉猎物。

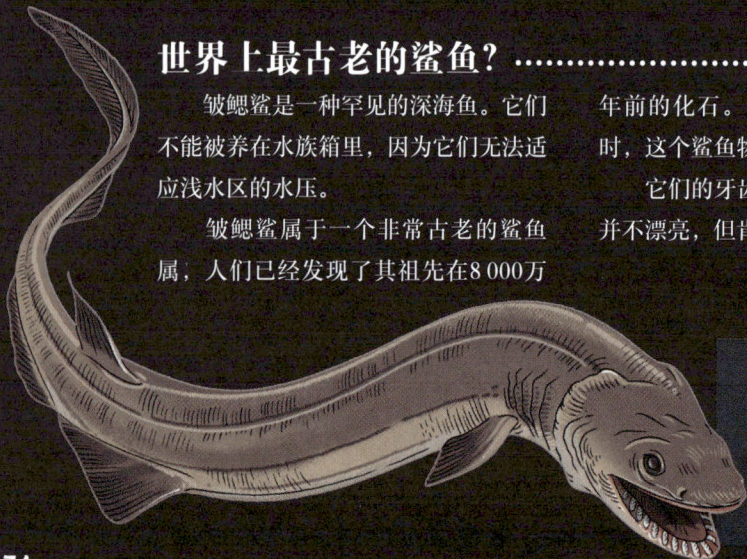

—— -8 000 米

—— -9 000 米

那些非常深的海沟通常一片漆黑。保持地球洋底深度纪录的是太平洋的马里亚纳海沟，其最深点深度为11 034米。

—— -10 000 米

—— -11 000 米

大陆架

大陆坡

深海平原

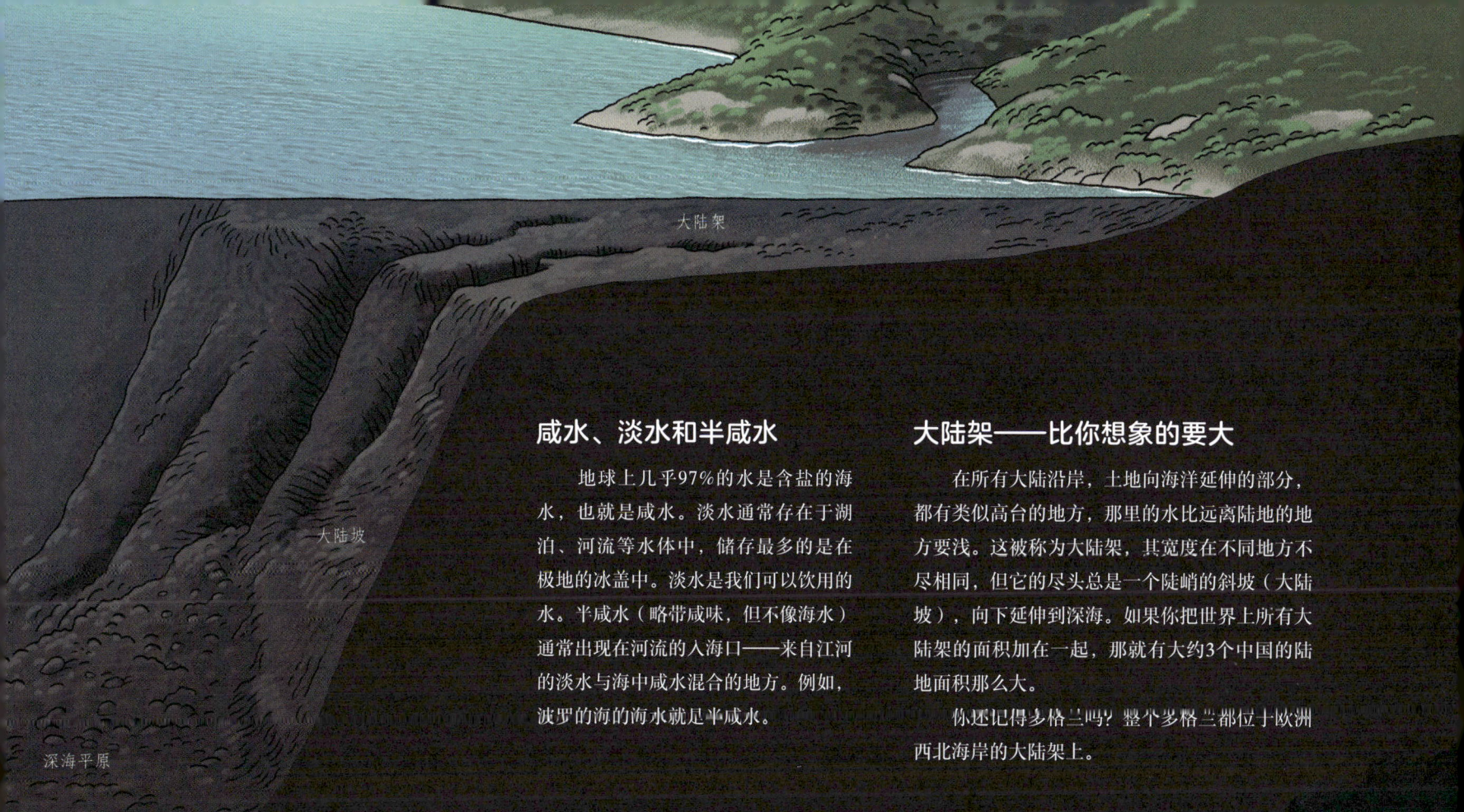

咸水、淡水和半咸水

地球上几乎97%的水是含盐的海水，也就是咸水。淡水通常存在于湖泊、河流等水体中，储存最多的是在极地的冰盖中。淡水是我们可以饮用的水。半咸水（略带咸味，但不像海水）通常出现在河流的入海口——来自江河的淡水与海中咸水混合的地方。例如，波罗的海的海水就是半咸水。

大陆架——比你想象的要大

在所有大陆沿岸，土地向海洋延伸的部分，都有类似高台的地方，那里的水比远离陆地的地方要浅。这被称为大陆架，其宽度在不同地方不尽相同，但它的尽头总是一个陡峭的斜坡（大陆坡），向下延伸到深海。如果你把世界上所有大陆架的面积加在一起，那就有大约3个中国的陆地面积那么大。

你还记得多格兰吗？整个多格兰都位于欧洲西北海岸的大陆架上。

黑暗的国度

水深超过200米（通常从大陆坡开始）的海洋被称为深海。很少有阳光能到达这么深的地方。因此，在暗无边界的深海中，有近90%的生物都会发光，要么为了自己能看清楚，要么为了吸引猎物。其中一位很奇特的深海居民是被称为"软颌红绿灯"的黑软颌鱼。它能从每只眼睛下方的一个点发出红光，用来观察环境。如果你往下看，会发现它长有一个能发出绿光的器官。它的全身还分布着发出白光和蓝光的发光器官。

它的下颌好像一个镂空的架子，上边长着锋利的牙齿，但没有底部。当可食用的东西游过时，下颌就会伸出，这样猎物就会被牙齿刺穿；然后下颌再收回去，食物最终被送入真正的口腔。现在你能更明白这个名字了，是吧？

像许多其他深海鱼一样，黑软颌鱼可以捕捉并吃掉比自己大得多的猎物。深海的食物很稀缺，所以抓住一切机会是重要的。

海底的烟囱

海底也有蜿蜒的山脉，在大西洋中脊，人们发现了多处深海热液喷口，它们像人们所说的烟囱（现在我们知道它们存在于很多地方）。

这些"烟囱"形成于两个大洋板块滑动分开的地方。它们也很接近下面炽热的岩浆。海水通过裂缝渗入岩浆后被加热，然后通过海床的开口喷出。热水携带着溶解的矿物质，当它们遇到寒冷的海水时矿物质就

会发生沉淀，逐渐堆积起来形成"冒烟的烟囱"。

烟囱周围会形成一个独立的环境，动物以细菌为食，而细菌又以地球内部的硫为生。阳光无法照射到这里，所以这里有一些不需要阳光就能存活的生物——在这些"烟囱"被发现之前，人们认为这类生物不可能存在。不过，正如你在前面所读到的，许多人相信正是在这样的环境中诞生了地球上的第一个生命。

从最深的海洋到最高的山峰……
请期待下一节的内容！

地球的屋顶

山,美丽而雄伟,看似永恒,但事实并非如此。山脉从形成到崩塌,所需要的只不过是时间而已。等待山脉消失的时候,先来仔细阅读有关山的内容吧。

一座山的生命

山不会长生不老,它们会逐渐消失——主要原因是来自水和风的侵蚀,也许还有冰川,但也可能是山体滑坡或地震对岩石造成的改变。地面也会因被侵蚀物质(砾石和沙子)的滚落而变得光滑,土石随着时间的推移聚积在较低的山谷中。年轻的山脉往往是高大、陡峭和尖锐的(如喜马拉雅山脉),而年长的山脉没有那么高,外形更加圆润。

什么是山?

关于什么是山,并没有严格的定义,但仍然有些界限。比如一座山应该主要是由岩石构成的,而且它也应该是地壳的一部分,而不是躺在地壳上的一块大石头。

有人认为,一座山必须有600米高才能算数。但这个条件对一些国家来说有点儿严苛,比如说丹麦。直到1874年,辛莫比尔山(意为"天空里的山")一直被认为是丹麦的最高点,海拔147.30米。后来人们进行了更精确的测量,发现于丁山更高一些,为172.54米,这个高度还算上了山顶的一个青铜时代的墓冢。可是在2005年,人们再次改变了主意——墓冢是人造的,不应该被计算在内。再次测量后的新高度为170.77米。这样一来,莫勒山(海拔170.86米)就反超了!它只赢了9厘米!可怜的于丁山。

坚不可摧的山城

建在山顶上的堡垒可以很好地抵御敌人的进攻。士兵从高处很容易发现敌人,同时敌人必须通过陡坡来进攻,因此防御者只需将重物倾倒在墙边,就能将敌人击退。

西班牙人在16世纪征服了南美洲的大部分地区,却没能攻占印加人的山城马丘比丘(位于今天的秘鲁),但这也可能是因为他们都没能找到这座城市。这是住在山里的另一个优势。

马丘比丘城在16世纪就已经被遗弃,直到20世纪初才被发现。

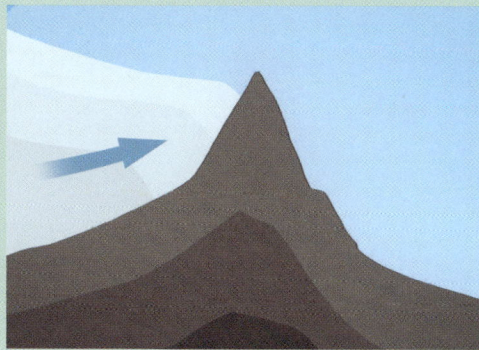

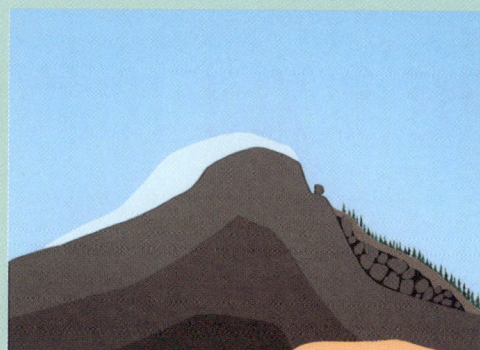

圣山

在世界上的很多地方，人们都认为神灵居住在天堂，因此巍峨的高山就被认为是神与人之间的接触点。

传说中，正是在西奈山，摩西收到了带有"十诫"的石板。希腊最高的山峰奥林匹斯山，在古代被认为是众神的家。太阳系最高的山峰——火星上的奥林匹斯山也得名于希腊神话。澳大利亚的原住民，有他们神圣的乌鲁鲁（也被称为艾尔斯岩）。

在斯里兰卡中部的亚当峰顶，有一个将近2米长的石头脚印。穆斯林和基督徒说这是亚当（亚当和夏娃里的那个亚当）的脚留下的印记；佛教徒说这是佛祖的脚印；印度教徒说这是湿婆神的脚印。不管是谁，他都有一双异常大的脚。

相对于地球漫长的历史，喜马拉雅山脉还只能算个婴儿。嗯，它实际上还没有发育完成。喜马拉雅山脉开始形成的时间不过是距今约5 000万年前，也就是恐龙灭绝后不久。

马丘比丘城 ……▶

奥林匹斯山

乌鲁鲁/艾尔斯岩

亚当峰

火山

所有高山中，最引人注目的可能是火山，特别是可能喷发的活火山。它们究竟是如何运转的呢？

1 火山形成于地壳特别薄和存在（或出现）裂缝的地方。

2 岩浆向上挤压，并找到一个开口，通过开口流出（或喷出）。

3 岩浆会逐渐冷却、固化，形成中间有开口的圆锥形山体，也就是火山。

太空中的火山

所有类地行星（水星、金星、地球和火星）和月球上都有火山。如今，你必须将目光放得更远，气态巨行星的卫星上也存在火山，但只有木卫一上的火山才会喷出炽热的岩浆。

下一节将继续介绍更多关于山的信息，请继续浏览！

更多关于山的信息

　　山脉最显著的特点是，比周围的地势要高。有的山直插云霄，有的山峰不过是低矮的丘陵。你在这里将会看到每个大洲的最高峰！

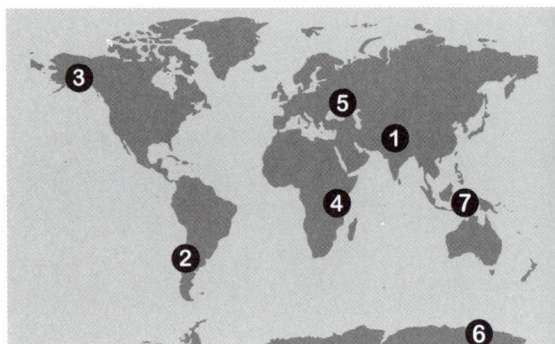

① 亚洲最高峰——珠穆朗玛峰，海拔8 848.86米，位于尼泊尔和中国交界处的喜马拉雅山脉中段。

② 南美洲最高峰——阿空加瓜山，海拔6 960米，位于阿根廷境内，属于安第斯山脉。

③ 北美洲最高峰——迪纳利山（原名麦金利山），海拔6 194米，位于美国境内的阿拉斯加山脉。

④ 非洲最高峰——乞力马扎罗山，海拔5 895米，是坦桑尼亚境内的一座独立的火山。

⑤ 欧洲最高峰——厄尔布鲁士山，海拔5 642米，位于俄罗斯境内，是大高加索山脉中的一座火山。

⑥ 南极洲最高峰——文森山，海拔4 892米，位于南极洲的埃尔斯沃思山脉。

⑦ 大洋洲最高峰——查亚峰，海拔4 884米，位于印度尼西亚境内，属于新几内亚岛上的苏迪曼山脉。

凯布讷山是瑞典最高的山峰，海拔2 103米。

以前，当大高加索山脉没有被真正算作欧洲的一部分时，阿尔卑斯山脉的勃朗峰被认为是欧洲最高的山峰，它的高度是海拔4 808米。

最高的山峰

　　按高度排序，世界上前100座山峰（以及之后的另外一些）都属于喜马拉雅山脉或者在它的附近。你可能会想：为什么我们不提"每个大陆上的最高峰"呢？

　　嗯，大洲和大陆并不是一回事。大陆是一个连贯的陆地，所以亚欧大陆就包括了亚洲部分和欧洲部分，因为它们连接在一起。澳大利亚独占一个大陆——澳大利亚大陆，但它只是大洋洲的一部分。

高海拔地区的植物

高山火绒草是一种不起眼的植物，又叫雪绒花，大致意思是"高贵的白色"。它们已经成为阿尔卑斯山脉的象征。

一切始于登山者讲述的传说：这种植物只生长在少数终年冰冻的悬崖上。因此，当登山者从山上采下雪绒花的时候，人们就会对他们留下深刻印象。实际上，雪绒花在高山草地的边缘同样会生长。

雪绒花非常适应高山上的环境，即使在土壤稀疏的地方，它强壮的根系也能在强风中抓紧土地。雪绒花厚厚的叶子储存了大量的水分，苞片（也就是花朵周围的白色星形叶子）上有茸毛，可以抵御高海拔地区阳光中强烈的紫外线辐射。

雪绒花

高海拔地区的居民

不是所有的动物都能生活在高海拔地区，因为那里的氧气含量太低了。例如，大多数人的身体在海拔2 000米到3 000米就会开始出现问题，也就是所谓的高原反应。

人们可以慢慢地适应较低的氧气含量。登山者在尝试攀登高峰之前会在不同海拔的大本营中度过几个星期，然后他们的身体会产生更多的红细胞，从而从肺部取得更多氧气并携带到全身。但是这样一来血液也会变得更黏稠，从长远来看，这对身体并没有好处。

那些终生生活在高海拔地区的人群，例如喜马拉雅山区的夏尔巴人，已经适应了周围环境中较低的氧气含量。他们的血液似乎可以更有效地运输氧气而不会变得更黏稠。

南美洲安第斯山脉的美洲驼的身体似乎也以类似的方式运转。它们还能适应山区相当贫瘠的牧场。另外，良好的平衡感和避免眩晕的能力对于生活在高海拔地区的哺乳动物也是非常重要的。

高海拔地区的耕作

住在山上的人也有困扰，地面坡度大，很难让土壤保持在原处。在这种情况下，人们就必须建造梯田来种植作物。

古代的印加人在马丘比丘等地建造的梯田，有巧妙的渠道和缝隙系统，以便将水引向需要它的田地。他们还让一些砖石伸出来形成梯子，多聪明！

直到今天，梯田在亚洲的水稻种植区依然非常普遍。中国的红河哈尼族彝族自治州有级数多达3 000多级的层层叠叠的梯田。

实际高度最高的山

人们通常用海拔来衡量山峰的高度，不过如果你要从脚到顶地测量一座山本身的高度，那么夏威夷地区的冒纳凯阿火山就是地球上最高的山峰了。它的总高度为10 203米，因为它的山脚远在海底。

好了，现在我们正朝着含氧量更高的地区前进，那里是人类文明的摇篮……

广阔天地

我们的祖先一直作为狩猎者和采集者生活在开阔的草原上。现在，欢迎回到人类的起源地——大草原。

非洲的稀树草原

你知道非洲东部和东南部的大草原吗？那就是典型的稀树草原，长满草的原野上偶尔出现一些树木。这里是大型动物的家园，例如斑马、角马和长颈鹿都生活在这里。

这可能让人有些困惑——这么多不同的草食动物物种，如何能在植被如此稀疏的土地上生存？

你还能在这里找到狮子、花豹、猎豹、鬣狗和更多小型的肉食动物物种，更不用说疣猪、鸟类、蛇、蜥蜴、老鼠等动物了。

换句话说，稀树草原的大量动物以及并不茂密的植被是如何"相处和睦"的，真的是一个谜团。

倒栽树

猴面包树生长在非洲和澳大利亚的大草原上。

这种树寿命很长，最长可达5 000年，而且它们体形巨大，树干周长可达40米。树干看起来就像正在向外溢出那些储存在树木中的水。

到了旱季，猴面包树会脱落树叶，以减少水分的蒸发。这时的猴面包树看起来像倒转了方向，向天空伸展的树枝像它们的根部。因此，特别是在非洲，它们经常被称为倒栽树。

什么是稀树草原？

稀树草原首先得是一片广阔的原野，草是这里最常见的植被，这里也有灌木和树木，但它们分散于各处，而不是集中在森林里。

在稀树草原上，旱季和雨季交替出现。地下水对大多数树木来说是不够的，但是草会通过干枯而撑过旱季，然后等待雨季到来时重新生长。

草原大火很常见，在这里能够存活的树木通常具有厚厚的树皮，并且通常还会在树干内积聚大量水分。

一切开始的地方

大草原也促使人类精确地进化出一些令人与其他哺乳动物区分开的东西。大草原上的生活很艰苦，人的奔跑速度不是特别快，身体也不是特别强壮，但另一方面，人的大脑发育良好，所以人们可以依靠计划、合作和谋略来生存。

现代人是曾经生活在非洲东部稀树草原上的一个较小群体的后裔。在人类历史的大部分时间里，我们的祖先都作为采集者和狩猎者生活在特定的环境中，所以身体和大脑都适应了它。

人类祖先生活在大草原上的一切优势在我们身上仍有所体现。当身体处于运动状态的时候，我们感觉最舒服。还有，我们感觉到危险时能够迅速做出反应。不过这在今天却会导致一些问题，因为现在的危险和那时候相比，性质是完全不同的。

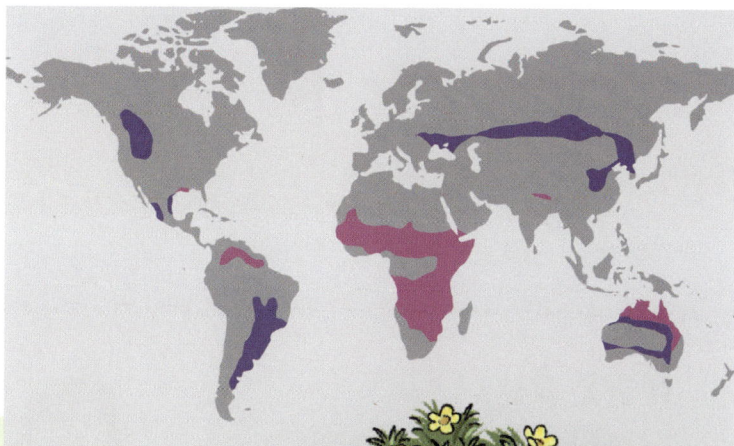

这里有干草原（ ■ ）和稀树草原（ ■ ）。

干草原

在地球上更靠北（或南）的区域，降水变得更加稀少。这些地方的草原被称为干草原。这里最常见的植物也是各种草，但生活在这里的动物种类较少。干草原是马、牛、羊等家畜的优良牧场，这使得畜牧业在这里很普遍。

矮化植被草场

就像在干草原一样，矮化植被地区的土壤太过贫瘠，不适合农业种植，但对于放牧来说还是很不错的。金露梅是一种在贫瘠的土地上也能良好生长的植物。在瑞典语中，金露梅有"厄兰岛的疯子"的意思，可想而知，厄兰岛的居民已经非常厌倦关于这个名字的笑话了。

世界各地的牛仔

在马背上放牧是最具草原特色的职业，最常见的牧牛人之一当然是活跃于北美干草原上的牛仔。这个职业曾经存在于世界上的很多地区（并且在某些地区仍然存在），比如在匈牙利的干草原上，而阿根廷干草原上的牧牛人是高乔人。

各个草原上近似的气候意味着牧人的衣着也有相似之处。他们戴着有帽檐的帽子用以遮挡阳光，有的还会在脖子上系长手帕防风，并在裤腿前侧覆盖额外的皮革或织物。为什么？嗯，好吧，如果你在没有穿雨裤的情况下在暴风雨中骑一次自行车，你就会明白了。

草原骑手

在广袤的草原上，让家畜保持井然有序是一件很困难的事，但随着人类成功将马驯化为自己的坐骑，情况就有所不同了。在此之前，人类将马作为猎物捕杀以获取肉类。在被人类驯化了以后，它们最主要的用处是产奶以及驮运物品。

还有几个来自亚洲草原的民族，例如匈奴人和蒙古人，都曾经横扫大陆，成为令人生畏的善战民族。他们最大的优势是什么呢？是熟练高超的骑术。

阿根廷的高乔人

蒙古的
熟练骑手

美国的牛仔

匈牙利的牧牛人

草原上的风太大了？
那就让我们到森林中去吧。

在树冠之下

当你进入森林时，你所感受到的声音和气味都会立刻变得不同。在树荫下，空气更加湿润，含氧量也变得更高。那么想象一下，如果你进入热带雨林呢……

从太空中看，泰加林带是这样的。

什么是森林？

要被算作森林，那里的树木必须至少有5米高，而且间距不超过30米。这个地区的面积还必须足够大，足以形成自己的气候——通常情况下，它的体感温度应该比森林外的更低。

落叶阔叶林

落叶阔叶林是温带最常见的森林类型。这种森林通常比纯粹的针叶林要稀疏一些，适合多种动植物的生长。灌木、矮树和草本植物能够茁壮成长，这也给食草动物带来了更多的食物。

针叶林和混交林

从太空中可以看到环绕北极地区的深绿色带。这些针叶林带被称为泰加林带（也被叫作亚寒带针叶林带）。大兴安岭北部和新疆阿尔泰山一带是中国的两个泰加林分布区。

针叶林中最常见的树木是不同类型的针叶树，因为它们通常比落叶树更能承受严寒。在靠近苔原的边界，通常只有针叶树，但在一些地方（如瑞典北部），却有一条狭窄的山地桦树带。这种桦树是极为耐寒的树木，体形小而外表粗糙，可以抵御强风，树干柔韧度高，不易被积雪压断。

在亚寒带针叶林带以南，有混交林带（同时有针叶树和阔叶树）。这里的气候暖和一些，但动物和植物仍然需要应对寒冷多雪的冬天和相当短的夏天才能安全生存。针叶林和混交林中都有很多树木、蘑菇、苔藓和昆虫，但没有那么多大型动物。

原生林和天然林

原生林（也叫原始森林）是指那些树木的树龄很高，并且从未受到人类干扰的森林。目前，全球范围内很多原生林正在遭受破坏。天然林是已经很久没有被使用过的森林，我们不太经常看到，目前约75%的森林都是人工林。人们在这里种植树木，然后在它们足够大时将其砍伐。

为什么落叶阔叶树会在秋天落叶？

嗯，在夏天，落叶阔叶树根部吸收水分，然后水分由叶子散发出去；但是在冬天，地面可能被冻结，树木难以吸收水分，叶子就掉落了。树木呈现一种休息状态，一直到温暖的天气回归。

松树和杉树四季常青，在冬天它们会关闭针叶上的小阀门（气孔）以保持水分。

热带雨林

在针叶林里，你听到最多的也许是风声，但在热带雨林中可不一样，因为这里是动物的天堂——即便是在某个缝隙中，也有生命！在这里，在不到地球表面面积十分之一的土地上，可以找到全世界一半以上的动物和植物物种。

热带雨林中全年都非常潮湿和温暖，树木全年都是绿油油的。

高处的生命

热带雨林中的树木有着密集的树冠，所以只有少量阳光能穿透树冠并照射到地面。这里的植物和动物都特别适应在阴凉处生活，不过在树冠上还有更加丰富多彩的生命。这里不仅有五彩缤纷的鸟类和大量的昆虫，还有喜欢在树冠上闲逛的猴子。你甚至还会在树上看到美洲豹（通常出现在南美洲）、花豹（通常出现在非洲和亚洲）、蛇和蜥蜴。当然，这里还有大家都喜欢的树懒（通常出现在南美洲）。

在植物上生长的植物

附生植物附着在其他植物上，而不是扎根在土壤中。它们可以生长在活体植物的树干上、枝丫间，甚至树叶上。这一切都是为了获得阳光和雨水。大多数附生植物不会从它们所依附的树上切取养料或水分，而是直接通过自己的根部吸收潮湿空气中的水分，或者通过自身的碗状叶子来收集雨水。这样的环境显然也很适合那些亲水的动物，比如生活在树上的蛙类，它们一出生就附生在植物上，并且它们的生命没有一秒钟是停留在地面上的。

那么藤本植物呢？嗯，它们并不像许多人认为的那样长在树上。它们从地里生长出来，只是利用树干蜿蜒而上。

河流

热带雨林地区经常下雨（真让人吃惊啊，哈哈）。亚马孙河的众多支流穿过世界上最大的热带雨林，这里当然也有众多的生命，例如可以长达10米的蟒蛇。其他典型的动物包括凯门鳄和可怕的食人鱼（看名字就知道它们喜欢吃肉，但它们通常只是用其锋利的牙齿咬碎掉落在水中的水果或坚果）。

让我们从繁茂的热带雨林前往地球上生命最难立足的地方。请继续关注下一节。

谁住在沙漠里？

有些地方看起来并不适合动物和植物生存。但如果你仔细观察，即使在沙漠中，也会有生命。

什么是沙漠？

沙漠是一个干燥，甚至没有永久水体的区域，那里极少下雨或下雪。如果下雨，有时会是猛烈的倾盆大雨。很少有植物可以抵御沙漠的狂风，同时这里也几乎没有土壤。沙漠里的温度极高（或极低，因为有些沙漠冬天很冷，特别是晚上）。"好客"这个词几乎从不与沙漠联系在一起。

沙漠中的人们

生活在炎热沙漠中的人需要知道如何找到水源，水可以隐藏在地下或植物体内（但是其中一些植物是有毒的）。

穿着泳裤在沙漠里跑来跑去一点儿也不明智，在沙漠中求生的关键是要保护自己不受阳光伤害，比如骆驼就用它的皮毛保护自己。沙漠居民穿着多层透气的衣服，以使空气在他们身体周围循环。他们也总是保护好自己的头部，最好还戴着沙尘暴来袭时可以遮住口鼻的围巾。

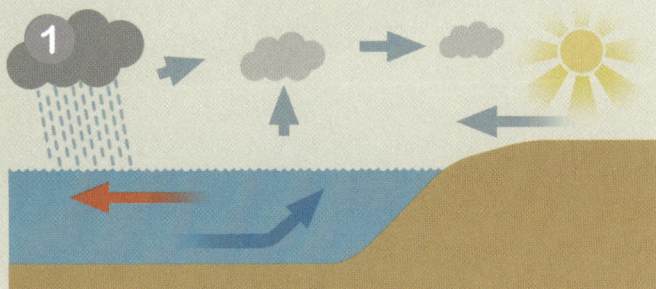

沙漠在哪里形成？

这个问题最简单的回答是：沙漠形成于几乎从不下雨的地方。一般而言，属于下边三种情况的地区形成沙漠的可能性较大。

第一是在赤道（地球的南北中心线）两侧的一定范围内。地球的气流在这个位置会形成一种持续的高压，任何听过天气预报的人都知道，高压意味着阳光，而不是雨水。

第二是在各大洲的西海岸，这里经常有离岸风（从陆地吹向海洋的风）。这意味着海面上温暖的水被吹离了海岸，从而导致海洋深处的冷水上升，海面上的空气也因此变冷。温暖海面上的空气上升，于是云就形成了，云携带着雨，但是雨会落在海洋上而不是陆地上（见上图1）。

第三是在雨影区。在气流越过高山的过程中，云层在迎风的一面释放出雨水，而在背风的一面就会形成所谓的雨影区（见上图2）。

绿洲

有时沙丘会移动，植物的根部可能因此突然接触到了隐藏在地下的水源；有时水聚积形成池塘，然后池塘周围就长出了一片植物。于是，一片绿洲出现了。有些绿洲很快又消失了，但有些会留存下来，于是，更高大的植物，如椰枣，就来得及在那里扎根。

生命的时机

有些动物只能在雨后存活很短的时间。但是，如果像某些沙漠地区那样，两次降雨之间相隔数年，会发生些什么呢？询问仙女虾吧。在短暂的生命中（只有几周的时间），它们会在沙子里产卵。这些卵接下来可以休眠25年，卵在下雨时会立即孵化。仙女虾不仅仅生存在沙漠中，还可以在许多有临时水体的地方生存。

生命禁区

当含有盐分的地下水到达地表时，水分会蒸发，盐分会积聚，并结成硬壳，形成盐漠。盐漠里的植物很少，动物更少。如果有一些水留在一个洼地上，就可以形成一个盐湖——死海就是一个例子。

仙人掌和其他沙漠植物

植物必须获取水分并且保留它，因为永远不知道下一场雨什么时候到来。叶子会散发出水分，因此许多沙漠植物的叶子已经变成刺状（这也能让动物远离）。刺枝瓜会在自己周围建立一整片多刺的灌木丛。

毒素是另一种很好的防御武器。蒺藜科的木馏油灌木（又名三齿拉雷亚灌木）尝起来超级苦，还会把毒素散播到周围的土地，以避免其他植物与自己争夺水分。

沙漠适合多肉植物生存，它们把水分储存在体内，因此具有厚实且柔软的茎。如果多肉植物有叶子，它们也很厚，并且几乎没有气孔，以避免水分散发。

仙人掌是典型的沙漠植物。它们用刺来保护自己，通常尝起来很苦。仙人掌也是多肉植物。许多仙人掌是折叠生长的，这使得它们具有更大的表面来散发热量（想想暖气片的样子！）。但它们也可以像手风琴一样膨胀，并在下雨时储存额外的水。真聪明！

这里有沙漠（■）和寒漠（■）。

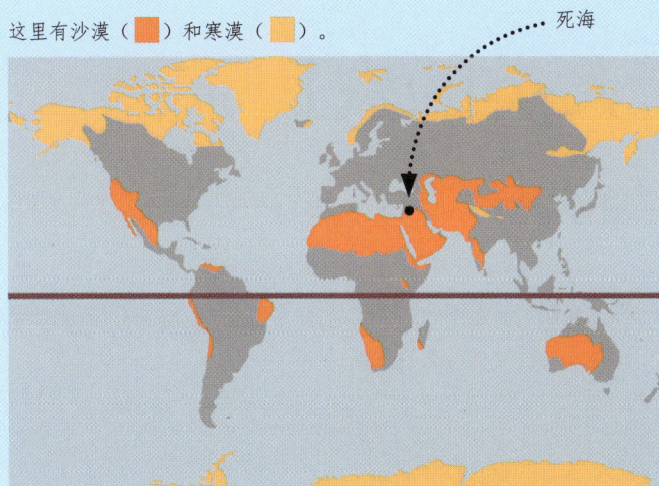

死海

被炙烤的动物

在炎热的沙漠中，生命面临的最大挑战是极端高温和水分稀缺。有些动物几乎从来不喝水，如沙漠跳鼠。它们的食物中有足够的水分。大多数小动物，如啮齿动物和蜥蜴，会在夜间凉爽的时候才去觅食（而且在夜晚，植物含有更多的水分）。白天它们只是躲在地下的洞穴中。

与它们不同的是，骆驼长着厚厚的皮毛，可以将太阳的热量阻挡在身体之外。此外，骆驼还有一个结构特殊的鼻子，能够保证体内的水分不会随着呼出空气散失太多。

许多沙漠动物的耳朵都很大，血管很多。血液循环能够帮助它们散热降温，它们也可以通过扇动耳朵达到降温效果。

寒冷而荒凉

寒漠主要存在于北极和南极（两极周围的地区）。它们由雪原、冰川或光秃秃的岩石地面组成。那里也存在生命，但主要是能够适应寒冷气候的动物。植物呢？好吧，那里并没有很多植物。

例如，南极洲的无冰地区有一些苔藓、地衣和藻类——都是没有根的生物，以及一些真菌。

冰冷的动物

北极熊和企鹅有什么相似之处？是的，它们都有一件厚实而且致密的"外套"来抵御寒冷。企鹅身上的是羽毛，而北极熊的则是皮毛；而且，在御寒的外层皮毛下面，北极熊有一层厚厚的脂肪用来隔热和保持体温。

北极熊吃企鹅吗？不。因为北极熊生活在北极，而企鹅生活在南极。幸运的企鹅！

生活在极寒气候中的人们会模仿动物。他们穿着厚实、紧身的衣服，吃高热量的食物来抵御寒冷。

好了，现在我们要去人类定居的地区转转。在下一节中，我们将看看人类创造的环境。

人类的农田

耕地

如果说城市（几乎）完全是人工环境，原始森林（几乎）完全是属于自然的，那么处于两者之间的，还有耕地——即人类决定应该种植什么的区域。

一个巨大的进步

最初，人们以狩猎者和采集者的身份生活在地球上，他们总是追寻着食物的来源，习惯了迁徙。但是当种植业出现时，一切都变了：人类成为定居者，在一个固定的地方照料和保护他们的庄稼。这也带来了更加稳固的房屋（人们不再需要随身携带搭建房屋的材料）和新型工具。另外，人类开始尝试以完全不同的方式利用和驯养动物——既可以作为食物，也可以作为工作伙伴（这可能听起来有些可怕）。很快，它们便为人类提供了便利的生活方式。

那么劣势呢？嗯，人们认为他们每天不得不花费更多的时间来获取食物。也许有些人还怀念他们以前所拥有的自由和流动性，不过这个世界上两全其美的情况可不多。

造雨者

没有雨水，田地会干涸，庄稼会歉收。因此，古代各地的人们都试图祈求众神，让雨水降临，祈雨仪式中常常有特殊的舞蹈。这在全世界曾经很普遍，当然尤其是在干旱地区。

随着科学的进步，新的梦想诞生了。难道不应该让云在正确的时间、正确的地点释放它们所携带的水分吗？人们在20世纪对此进行了大量研究。

云中含有水蒸气。人们通过（通常是从飞机上）喷洒微小颗粒来使更多的水分子结合，试图迫使云层释放其水分。首先，形成看不见的小水滴，小水滴相互碰撞并形成越来越大的云滴。最后，它们大到从云中掉落到地面——下雨了！

我们很难确定是否有其他方法可以成功造雨。你能想到吗？

原牛

奶牛

原牛

这是一种已灭绝的草食动物，也是我们人类有史以来最重要的动物之一——原牛，它是家牛的祖先。人类设法驯服了原牛后，无需狩猎就能获得牛奶、牛肉和牛皮。在新兴的农业中，强壮的牛与人类一同工作，连牛粪也被用作植物的肥料。

原牛比现在的奶牛大，肩高将近2米。因此野生原牛是非常受欢迎的猎物，但是随着时间的推移它们也变得越来越稀有。17世纪，最后一头原牛死于波兰。

流离失所的动物

随着人类足迹的扩张，动物往往被迫离开它们的自然栖息地。最著名的例子可能是大熊猫。对于大熊猫来说，竹子曾经是最容易找到的美食。一旦竹子开了花，它就死了——大熊猫就得搬家。但是如今它们可以搬去的地方太少了。

曾经，中国的许多地区都有大熊猫，但后来竹林因人类发展种植业和林业而遭砍伐，它们被迫离开。现在它们只能在少数的山区生活。这些大熊猫群体也被道路、田地和城市隔离开来。为了拯救这个物种，人们正试图在熊猫族群之间建立森林走廊。造成这么多麻烦之后，至少这是我们可以做到的。

被耕种的沙漠

有时，我们将巨大的农田比作物种贫瘠的沙漠。人们精耕细作，以使作物尽可能保持旺盛的生命力，同时还能通过使用给特定的物种调配的肥料为其创造完美的环境。然后，那里基本上只有一个物种能存活下来——人们种植的那个。

在许多地方，杀虫剂被用来对付人们认为"有害"的昆虫，但这样一来其他昆虫也受到影响。昆虫少了，鸟类就少了。即便农民可以暂时获得丰收，但这并不是一种可持续的方式。

不要误会我的意思。绝大多数农民都很关心环境，没有农业，我们就没有食物；而且在不把整块田地变成沙漠的情况下进行有效的耕作是可能的——因为农民当然也不希望出现那种沙漠。所以，我们必须选择购买以科学方式种植的食物，只有这样，关心环境的农民才能生存下去，田地才会生机勃勃，我们才可以没有担忧地吃饭。

水的搬运

尽管人们已经做了很多努力，有时雨量还是不够。这时你必须给大自然提供一点儿帮助，比如人工灌溉。你首先想到的可能是带有喷嘴的花园软管，但还有其他更古老的方法。

挖掘沟渠以引导水源流向人们需要的地方是常见的方法。

我们还可以利用洪水。例如，尼罗河每隔一段时间就会泛滥，古埃及人学会了用运河或沟渠将洪水引导到他们需要的地方，而且通过建造水坝，他们还可以自己制造"洪水"。

有时，人工灌溉并不是最好的解决方案。如果水长时间暴露于强烈的阳光下，大部分水在到达植物根部之前就蒸发掉了，剩下的只是各种对土壤毫无益处的盐分。

圣诞树的森林

在圣诞树种植园里，一排排均匀的小云杉树紧紧地生长在一起。但是，种植那些在节日摆放几个星期就扔掉的树木，不是很愚蠢吗？嗯，这其实不是什么大问题。

常见的云杉树种之一——红皮云杉，在没有人工灌溉和使用杀虫剂的情况下也能生长良好；而且由于云杉木不是化石燃料，即使它们最终在发电站中被烧掉，也并不会增强温室效应。

运输反而是一个更大的问题。在理想情况下，人们应该进入森林自己砍伐。如果这是不可能的，那就买一棵当地的、有生态标签的树，圣诞节后把它送到回收中心。

塑料圣诞树也不是一个好主意。无论使用多少年，它对环境的影响总会大于一棵真正的树。

现在你渴望看到一些沥青、混凝土和鸣笛的汽车吗？请跟随我到下一页吧。

人类的城市

城市

世界各地的大城市都在不断发展、扩大，然而它们的承载能力通常还是不够的。当一个面积有限的区域必须容纳越来越多的人口时，我们也不得不向空中发展。这使得城市成为一种非常特殊的环境。

城市居民

在现代城市中，混凝土、石头、玻璃是常见的特殊"地貌"，公园和森林就少一些。

有些动物能在城市中成长，例如老鼠和鸽子。狍子和野兔喜欢在郊区别墅的花园里吃草。狐狸在有些城市也很常见，尤其是在野兔出没的地方。

对于一些猛禽来说，城市就好像井然有序的岩石区，其中活跃着很多肥美的小鸟和啮齿动物。

所以，城市里既有植物也有动物，但它们只是依照我们创造的条件生活在这里。毕竟城市是为人而建的，即便那些猛禽不这么认为。

城市丛林

许多常见的室内植物最初都是来自热带雨林的附生植物，例如蝴蝶兰。在亚洲和大洋洲的热带雨林，它们生长在高高的树干上。

大自然的"复仇"

如果人类突然消失，大自然很快就会收回被我们改造过的土地。首先是耕地和人工林，然后城市会被植物和动物入侵。仅仅需要几十年的时间，我们人类的大多数痕迹就将彻底消失。即使是那些屹立的建筑物，也会变得杂草丛生、破败不堪……

沙漠中的城市

在美国，越来越多的人搬到拉斯韦加斯，这是一座沙漠城市。人多的地方，用水也多。由于这里很少下雨，所有公园、种植园也必须进行人工灌溉。

全球变暖已经对拉斯韦加斯造成了严重的影响。随着天气越来越热，人们对生活用水还有空调的需求也越来越大，一切都需要大量的能源。这也是造成气候危机的部分原因。

所以你怎么看呢？我们未来应该避免在沙漠中建造城市吗？

城市小气候

一座大型城市就好像一个独立的气泡，它比外面温度更高，这可能是由城市运转产生的热量造成的。另一个原因是，城市中有许多平坦而闪亮的表面，太阳光线在它们之间不断被反射，这样一来热辐射就难以离开人口密集的城市。

当房屋挡住风的去路时，风就需要寻找新的出路。有时风会被完全阻挡，有时——比如在超高层建筑物之间——风反而会得到额外的推动力。

未来，我们可能不得不思考我们应该使用哪些材料以及如何利用风来降温。如你所知，地球正在变暖，与此同时，越来越多的人正在迁入那些大城市。

夜晚的地球

一个外星人如果在夜间经过地球，立刻就能发现地球上哪里人口密集。为什么呢？很简单，灯光璀璨的地方就是了。

城市的理想位置是在河流入海的地方。这里有我们需要的饮用水，有重要的运输路线，另外还有很多食物，比如鱼和贝类。但城市也可以在各个贸易地点发展，通常是主要道路交会的地方或铁路沿线。在俄罗斯，城市像一条长长的丝带，闪耀在西伯利亚铁路沿线——几乎横跨整个大陆。

最明亮的地区是那些人口众多而且电力充足的地方。

一个看到地球灯光的外星人……太空中真的有生命吗？请继续阅读。

你好，有人在吗？

宇宙的其他地方有生命吗？如果有的话，我们会遇到他们吗？或者，他们已经来了吗？

太空中的生命

地球是生命生存的完美之地，至少对于已经存在的生命形式来说是这样的。地球上有液态水、氧气和大量碳（地球上的所有生命都是以碳为基础的）。这些仅仅是众多例子中的几个。

但是想想看：如果并非所有的生命都依赖这些条件呢？它可能是如此不同，以至于就算我们遇到它，甚至都不知道它是一种生命。因此，仅仅在类地行星上寻找我们认可的生命，很可能不是最佳策略。

朝向太空的"耳朵"

SETI计划，即搜寻地外文明计划，旨在捕捉来自太空的无线电信号。全球有几个不同的SETI项目，其中一些已经运行了多年。

到目前为止，我们接收到的最像信息的信号是1977年捕获的所谓的"Wow！"信号。这是一个非常强烈的信号，长达72秒，似乎来自人马座区域。这个信号的名字来自发现者在数据打印输出时写的"Wow！"。但在这72秒之后，没有人再捕捉到这一信号。

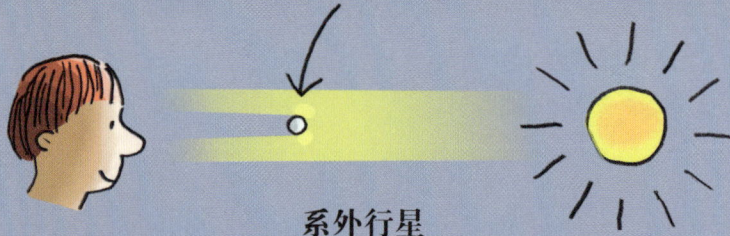

系外行星

太阳系以外的行星被称为系外行星，天文学家一直在寻找新的行星。仅仅在我们的银河系中就有数以百万计的行星可能出现过生命。直到今日，依然有不少与地球类似的行星，即拥有大气层并且与恒星距离合适的岩石行星。

寻找系外行星的方法有很多。最常见的方法是观察恒星发出的光是否会因为行星经过而定期变暗，或者看看恒星的运动是不是受到行星引力的影响。但是我们很难看到系外行星本身，因为它所环绕的恒星闪耀着明亮的光芒，遮蔽了它。

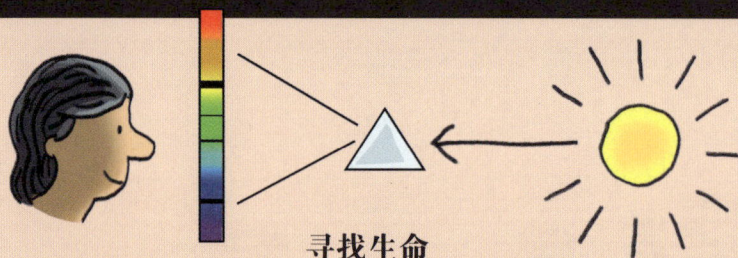

寻找生命

在寻找适合生命生存的系外行星时，科学家会使用一种叫作光谱的东西——让来自行星的光通过一个透镜，将光分成各种颜色，这和彩虹形成的道理一样。

不同的气体吸收不同颜色的光，然后会在出现的彩虹般的光谱图中形成黑色间隙。如果行星的大气层中有氧气，某些特定的地方就会出现黑色的间隙；如果有甲烷或水蒸气，那么黑色间隙就会出现在另一些地方。

这三种气体——氧气、水蒸气和甲烷，有可能是生命存在的迹象。

你好！我们来了！

100多年来，也就是自从我们开始收听广播以来，我们一直从地球发出无线电信号。最近50年来，我们除了发送电视信号，也在进行反向SETI侦测，也就是我们特意发出信号并希望有其他生命会接收信号。

不过一些学者发出了警告。他们认为，如果外星人怀有敌意，把他们引到这里可能是不明智的。但也有人认为，高度进化的生命可以帮助我们解决地球所面临的问题。

他们来了吗？

很多UFO（不明飞行物）目击事件，都可以用自然界的现象来解释。即使有些解释听起来有些牵强，但请记住，在黑暗的夜空下，很难判断距离、大小和速度，只要想想巨大的月亮就知道了。

1. 流星或火流星

火流星是较大的流星体进入大气层时产生的现象。当你看到夜空中一道光束分裂成几道更小的光束，你几乎可以确定这是火流星。

2. 飞机/直升机

飞机发出的光在被云或雾反射时会看起来很诡异，而直升机可以悬停，静止在空中（就像无人机一样）。

3. 气球

气象气球被送上高空，即使太阳消失在地平线以下，它们也能被阳光照亮。漂浮的灯笼也造成了许多UFO目击事件，尤其是在跨年夜。

4. 聚光灯/激光灯

一束直射向上的光线在击中云、霾或雾的时候能够被看到。这解释了云层中一些奇怪的光学现象。

5. 金星

是的，这是真的。不明飞行物研究人员在调查目击事件时，总是要先找出当时金星的位置。

6. 人造卫星

人造卫星有时可能会跳跃一下，然后再回到它的原有轨道。这是因为我们的眼睛不能长时间聚焦在一个小光点上。人造卫星有时也会成群出现。

7. 云

不常见的透镜状云可能静止不动，而它们周围的云却在移动。那么想象一下在傍晚的天空，它们被从下方照亮……

是谁到访？

如果真的有来自太空的访客，那么这些外星人拥有比我们更先进的技术，否则他们就不会来到这里了。还记得"新视野"号空间探测器吗？它至少需要3万年才能到达下一个恒星系统。在太阳系中，我们至今未发现其他智慧生命，所以访客一定来自太阳系外。因此，他们肯定是以某种令我们难以置信的方式到来的（或者他们非常非常长寿）。

但是太空中有生命吗？

我们已经知道，月球、火星和一些气态行星的卫星上存在或曾经存在水。据推测，太阳系中可能存在某种形式的简单生命，但我们至今还没有找到证据。

那么是否真的存在UFO呢？唉，我们没法证明某些人所看到的一定是UFO。我们只能说，即便不能用自然现象解释，也并不意味那就是地外生命，UFO这个缩写只是意味着它是一个不明飞行物。但是考虑到宇宙无限的空间和数目庞大的恒星系统，如果只有我们的星球上出现过生命，那倒是很奇怪。

那些透镜状云非常令人兴奋。继续阅读，你会学到更多关于气候和天气的知识。

气候和天气
天气怎么样？

你是否会因为天气炎热而感到疲惫？或者在凉爽的天气里感到精力充沛？

天气和气候影响着我们所有人，它们实际上是如何运转的呢？

气候带

赤道附近地区的气候最温暖，两极地区则最寒冷。这感觉是很显然的，但在这两者之间呢？

地球通常被分为5种气候带，它们差别很大。气候类型的特征很大程度上取决于气温和降水量。

瑞典的植物分区

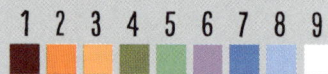

1 2 3 4 5 6 7 8 9

气候

天气

○ 为什么非洲很热而格陵兰岛很冷？

4个重要的因素决定了地球上不同地区的气候。

1. 来自太阳的辐射

太阳光显然会加热地球表面。白天通常比晚上温暖。另外，赤道附近地区的气候比两极地区更温暖，这是因为在正午太阳辐射几乎是以直角照射赤道附近的区域。离赤道越远，正午太阳辐射的角度越小——辐射就会扩散到更大的区域。

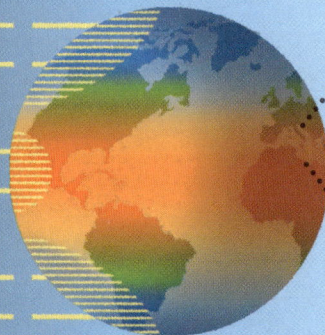

如果有人问"今天的天气怎么样？"，那么答案可能是"最高气温12摄氏度，天气晴"。但是对于"气候如何？"这个问题，答案可能会是"通常有寒冷漫长并且多雪的冬天和短暂但相对湿润的夏天"。

天气是你透过窗户就能看到的，气候则是天气在较长时间（通常是一个30年的周期）内的平均趋势。一种气候类型通常会覆盖远大于某一个特定地点的区域。

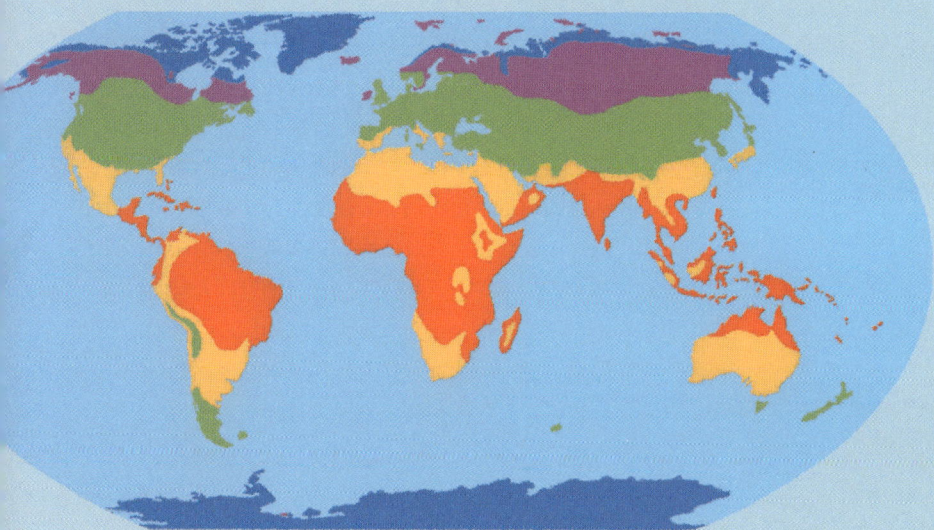

1. 热带
炎热潮湿，有许多热带雨林。
冬季和夏季温差细微。

2. 亚热带
有些地区炎热干燥，有许多沙漠。
冬季短，夏季长。

3. 温带
四季分明，冬冷夏热。

4. 极地
严寒，夏季短暂，
冬季漫长而寒冷。

5. 第5种气候带
温带有时还可以分为两个不同的类型：暖温带和寒温带（又叫亚寒带）。
瑞典的大部分地区属于寒温带——与泰加林带大致重合。

狭长的瑞典

就气候和天气而言，瑞典是一个特殊的国家。这是因为它的国土是南北狭长的。这意味着北部地区接近北极，而南端的斯科讷省的人民则生活在瑞典最温暖的地区。

这里有一张瑞典的植物分区地图。通过它我们就知道在不同地区种植哪些植物是最适合的。

你可以粗略地理解为，一个区域的编号越小，适合在那里生存的植物就越多。

如你所见，最好的种植区在南部的海岸附近。那里更温暖、更湿润，因为那里是海洋性气候，而大多数植物都喜欢温暖湿润的气候。

2. 海拔

越往高山上走气温越低。山脚下是茂密的森林，而山顶却少有植物生长，因为那里的地面终年结冰。

山峰和山脉也会影响降水，因为路过的空气被迫抬升形成雨云或雪云。

3. 洋流和风

太阳的辐射也加速了空气和水的运动。先来了解一个物理知识：两个温度不同的物体放在一起，它们的温度总是趋于相同。如果你将一勺沸腾的热水倒入半桶冷水中，很快桶中的所有水都会变成温水。

地球上的空气和水也差不多是以同样的方式工作。简单地说，太阳光线给赤道附近地区带去的热量最多，风和洋流将热量带到两极并帮助其分布到全球。

4. 到海洋的距离

与陆地相比，海洋的温度变化缓慢。因此，沿海地区的昼夜温差通常较小。但那里也会更加潮湿和多雨，因为来自海面上的空气在进入陆地时上升，并释放其携带的水。这被称为海洋性气候。

内陆气候更干燥，季节之间的差异也更大（冬季更冷，夏季更暖）。

我们将在下一节中继续研究天气和气候。穿上风衣，我们出去逛逛。

太阳、风和水

天气一直在变化，一刻不停。当大风突然刮起的时候，究竟发生了什么？空气为什么不会一直停留在同一个地方？海水为什么永远在流动？开始吧，我们一定要仔细研究一下。

信风

如果没有信风，赤道附近地区将会热得令人难以忍受，而远离赤道的北方和南方将变得冰冷无比。这是为什么呢？因为太阳对地球的辐射在赤道附近最强，所以在热带地区大量暖空气上升。这种暖空气在高空移动，离开赤道附近。途中，很大一部分暖空气会降温并朝着地面下沉，然后回到赤道附近，补充那里的空气。这样一来，信风就出现了。这也就是为什么信风总是吹向赤道附近。

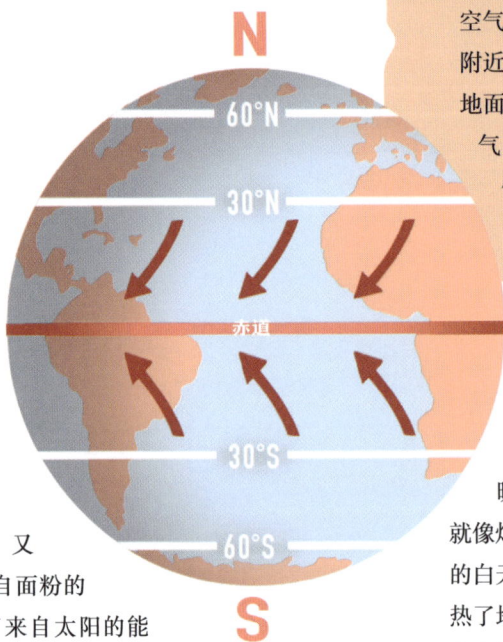

太阳是引擎

所有的运动都需要能量，而来自太阳的能量通常是这些运动背后的推手。

你将从三明治中获得的能量贮存在体内，又在运动时消耗掉它们。这些能量中就包括了来自面粉的能量。面粉曾经是谷物（小麦），谷物收集了来自太阳的能量——你的身体现在将这种能量转化，支持你运动。

风和洋流也从太阳那里获取能量，但方式略有不同。

风工厂

暖空气比冷空气密度小，所以暖空气上升——就像烟囱里的烟雾一样。它是风工厂的发动机。炎热的白天会突然刮起来自海面上的风，这是因为阳光加热了地面，地面又加热了地面上的空气，然后暖空气向上运动。在一定的高度，空气开始冷却并向海面下沉（冷空气比暖空气密度大）。

但是风是横着吹的，不是上下吹的。好吧，不过当暖空气上升时，地面附近就会缺乏空气。气体（如空气）总是想要均匀分布，使得各处的分子密度相同。因此，空气分子从海面上涌来，补充空气分子稀缺的地方。这就是来自海面上的风。非常清楚，是吧？

3.暖空气在大气层高处降温。

4.冷空气下沉。

2.暖空气上升。

5.空气冲向陆地，向前流动，形成风。

1.太阳加热地面。

海洋中的洋流

表层洋流

大多数洋流是由风驱动的，风吹过海面并拖着水流动。如果你比较一下信风和海洋的表层洋流（见右下图）的移动方式，你会发现它们具有一定的关联性。

在北半球，信风和比较大的洋流都是沿顺时针方向（与时钟的指针走的方向相同）运行的，而在南半球则是逆时针方向。风不会直接地从正面吹向赤道，原因是地球在自转。

湾流

对于远离赤道的北欧来说，这里的气候实际上很温暖了。能解释这一情况的就是一般简称为湾流的墨西哥湾暖流（或者更具体地说，实际上是湾流的一个分支——北大西洋暖流）。它带着南方热带地区的温暖海水，一路来到挪威沿海，甚至更北边的海域。感谢你的帮助，墨西哥湾暖流！

深海洋流

海洋深处也有洋流。它们受盐度（咸水密度较大，会沉到淡水或盐度更低的水下边）或温度（冷水流到暖水下边）驱动。

当表层洋流带走温暖的水时，冷水上泛到海洋表面，由此深层的洋流得到了驱动。

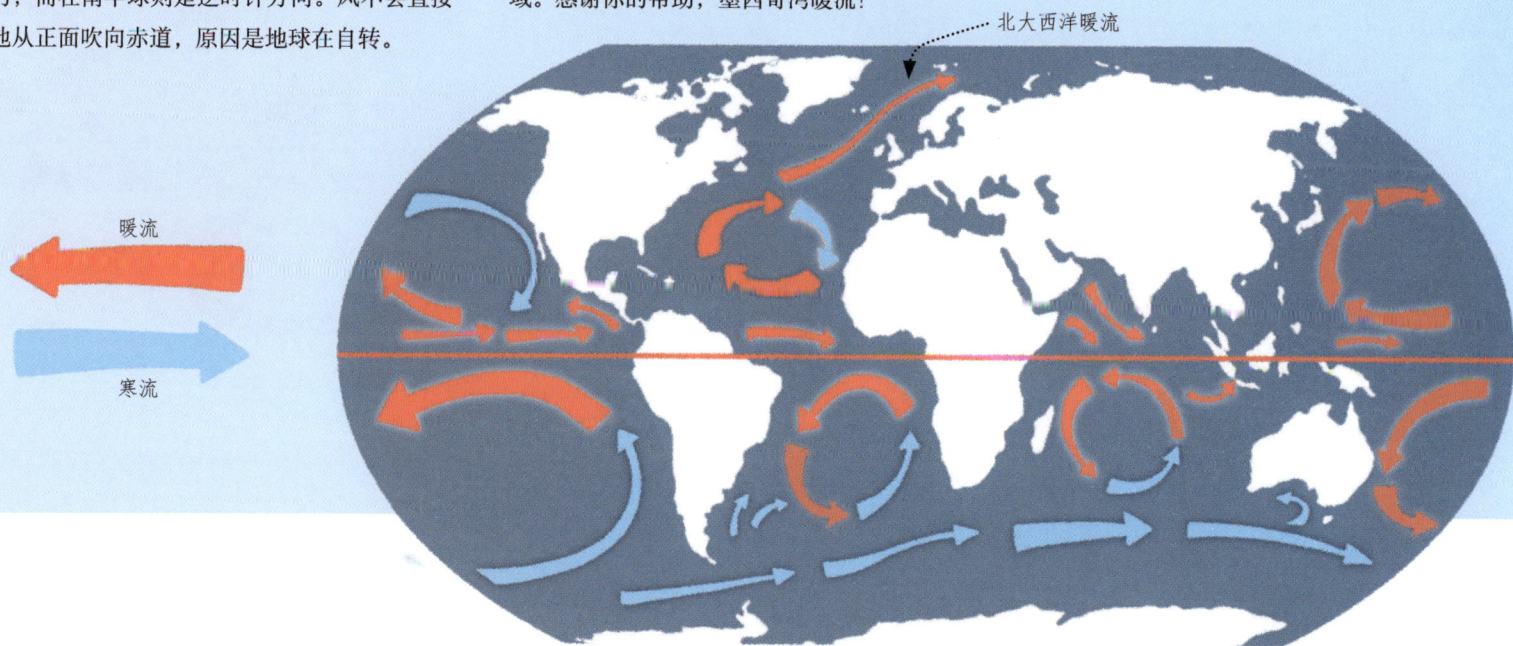

北大西洋暖流

暖流

寒流

高气压和低气压

你可能在电视上听到过气象学家谈论高气压和低气压（也可能是简称的高压和低压），但它们到底是什么呢？

这个嘛，其实气压可以用空气分子之间的距离来解释。在高气压下，空气分子彼此靠近，而在低气压下则相反。例如，在赤道附近，由于暖空气不断上升，因此存在持续的低压，靠近地面的下层大气由于空气减少，分子之间的距离较远。上升的暖空气离开赤道附近之后，在高空中逐渐降温。当到达亚热带时，它会冷却变沉，

然后下沉到地面附近，于是那里就会形成高压。大量的空气必须挤在一起，空气分子之间的距离就变小了。

这在很大程度上解释了为什么亚热带地区会出现这么多沙漠。空气在亚热带地区下沉，因此形成的云也很少（毕竟云主要是由空气上升形成的）。当空气下沉时，它还被压缩并变得更热，因为空气分子被迫相互碰撞。温暖的空气，极少的雨水，也缺少挡住太阳光芒的云层，这就是为什么那里会形成沙漠。

L 低压

H 高压

这些四处"游离"的水和空气还没有让你烦躁吧？好吧，我们还有更多关于它们的知识，请继续关注！

永恒的循环

地球上，水的含量是基本不变的。这可能看起来很奇怪，因为地球上经常会下雨、下雪——只不过降落的雨雪也是来自地球，很可能就来自你身边有鱼儿游泳的湖泊。大自然就是这样运转的。

一氧化二氢

水的化学式是 H_2O，也就是说一个水分子是由 2 个氢原子（H）和 1 个氧原子（O）组成的。水还有一个更科学的名字：一氧化二氢。在有些商品的配料表中，水也会以拉丁文"AQUA"的形式出现。想知道为什么吗？

神奇的水

水很特别，它在自然界中能以三种不同的聚合状态存在，即气体（水蒸气）、固体（冰和雪）和液体（我们通常称之为水）的形式。这在宇宙中是非常罕见的，至少我们认为如此。水以这三种形态存在的事实对其循环也很重要。这使得水很容易移动。

另外，相同体积的固态水比液态水质量轻，而对于大多数物质来说，情况正好相反。因此与液态水相比，冰的密度更低，每升冰比每升水包含的水分子更少。否则，冬季的冰就不会漂浮在江河、湖泊和海洋上了。

水的三种形态

气态　　液态　　固态

水循环

水就是这样通过改变形态在地球上移动的：

3 温暖潮湿的空气吹向陆地。由于陆地表面的高度高于海面，它被迫上升。

2 热量使水蒸发，变成气态水分子（水蒸气）。

水蒸气在大气中停留5~10天。

1 太阳加热江河、湖泊和海洋表层的水。

制造自己的闭合循环

你想要近距离地看看水是如何循环的吗？没问题，你可以在一个玻璃罐中制造自己的循环系统。

你需要准备：

· 一个带有密封盖的大口玻璃罐
· 玩具球
· 盆栽土壤（最好是含有更多可降解物或有机物的户外土壤。）
· 有根的植物（蕨类植物或常春藤就很适合。）

这样做：

· 在罐子底部放置一层玩具球，将土壤填充到罐子高度三分之一左右的地方。如果你想的话，还可以用石头和木棍装饰一下。
· 加水，完全拧紧盖子。
· 将罐子放在半光照的位置，最好放在窗边，但不要直接放在阳光下。
· 如果罐子里很快出现大量冷凝水（也就是凝结在玻璃上的水），则说明罐子里湿度太大了。你需要打开盖子，让罐子通风一周。
· 然后你什么都不用做。
· 罐子内部会形成独立的大气圈，或者更确切地说，是一个生物圈——因为里面有活的有机体。

在白天，土壤被加热，水被蒸发为水蒸气，水蒸气凝结在玻璃罐壁，水滴落下，像在大自然中一样。就这样，植物利用太阳能，将二氧化碳和水转化为碳水化合物（糖类）和氧气。盆栽土壤中的微生物接手植物死去的部分，从而得到碳水化合物。碳水化合物与空气中的氧气一起形成二氧化碳和水，并且释放能量。这就是与光合作用相对的呼吸作用。

---

4 温暖潮湿的空气在上升过程中慢慢冷却，水分子凝结，变成云滴（就像窗户上冷凝的小水珠）。

5 最后，云（在陆地上形成）无法承载水滴或冰晶（取决于温度有多低），水滴或冰晶就会以雨或雪的形式降落到地面上。

6 以固体形式落下的水（比如雪）融化后也像雨水一样流向低洼地区，也就是江河、湖泊和海洋。这称为径流。

7 然后一切又可以重新开始了。

创纪录的生物圈

1960年，一位名叫戴维的英国人在一个玻璃瓶中种植了4株紫露草。他在1972年将瓶子打开过一次，浇水后瓶子就处于完全密封状态，这些植物的生长全都靠它们自己。这些植物可能还活着，因为至少在2018年它们仍然是生机勃勃的。那时它们就快60岁了。

一部分雨水或雪融化后的水会继续穿过地表渗入地下空间，并留在那里，成为地下水。要想获取地下水，我们就需要打井或钻井。地下水在慢慢地渗到江河湖海之前可能会在地下停留长达上千年。

坏天气是好天气的反义词吗？它讲的也是天气，只是比较极端。请继续关注下一节内容，你会看到……

极端天气

你今天早上出门的时候下着毛毛雨吗？也许风还很大，所以你的头发有点儿乱？你认为这就很麻烦了吗？请继续往下看，你会发现这并没什么大不了，因为在某个地方，更强大的风正在形成。现在抓紧你的帽子，出发！

龙卷风

龙卷风是常在雷暴期间发生的强烈旋风。大量的不稳定能量引发了上升气流。这些上升气流在风速和风向变化的影响下，在水平方向开始旋转。它们抵达对流层中层后便形成了龙卷核心，并发展成为一道漏斗形涡旋云柱延伸到地面。

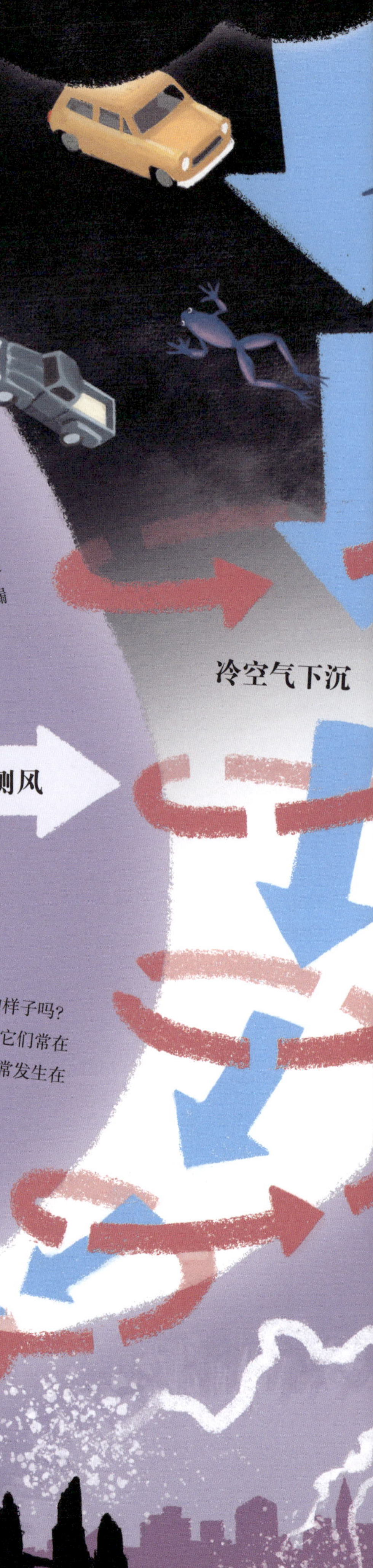

最糟糕的风

台风（形成于大西洋和东北太平洋上的叫作飓风）的形成需要大量热量和水蒸气，因此它们总是在热带或亚热带的海洋上生成，多发生在夏季和初秋海水温度达到27℃以上的环境中。台风的力量来自温暖潮湿的空气上升并形成云的过程中释放的所有能量。

地球的自转使得台风可以形成一个巨大的涡旋，有时候直径甚至可达1 000千米。只要有温暖潮湿的空气，台风生成后就会变得越来越强大。如果它向内陆移动，就会对途经地区造成巨大的破坏。不过一旦深入内陆，由于那里的空气比海面上的干燥得多，台风往往会迅速减弱，不久就会消失。

冷空气下沉

强烈的侧风

小型旋风

你见过树叶或雪片在风中旋转飞舞的样子吗？此时你看到的不是龙卷风而是小型旋风。它们常在风吹过屋角时形成。在大自然中，它们通常发生在大块岩石或小山丘上。

台风眼

在台风的中心会形成一个几乎没有风的区域，那里的天空有时甚至是湛蓝的。它被称为台风眼（飓风眼）。对于那些遭受台风袭击的人来说，这就像混乱中一段诡异的暂停。

飞蛾

龙卷风可以从地面（或海洋）"吸"走物体，将其一直带到形成龙卷风的积雨云中。在极少数情况下，冰雹会在这些物体周围形成。1882年在美国艾奥瓦州就下了一场包着小青蛙的冰雹。也有传说，在某个离海岸几十千米的地方下过冻住的鱼。

天上落下的水

承认吧，下雨是世界上最好看的天气！普通的雨和雷暴不一样，一点儿也不危险。

为什么会下雨？嗯，水蒸气凝结在空气中的微小颗粒上，形成微小的、看不见的水滴，于是一片云就形成了。之后微小的水滴相互结合变大。当它们变得足够大时，它们就会以雨的形式落到地面上。

那么可以让水蒸气凝结成水滴的颗粒是什么样子的呢？有很多种类，例如海盐、烟尘、灰尘、花粉或细菌。

电闪雷鸣

隆隆的雷声和刺眼的闪电令人着迷，但也有点儿可怕。我们突然间明白了大自然的力量多么强大以及人类多么渺小和无助。雷暴在夏季最为常见，尤其是在下午。你很快就会明白为什么。

积雨云在强烈的上升气流作用下在垂直方向快速发展，如同高山。在云中存在的正、负电荷是分离的，正电荷在顶部，负电荷在底部。就像空气分子一样，电荷也总是想要变得均衡——它们通过在地面和云层之间的放电（闪电）来实现这一点。但为什么它们喜欢选择夏季和下午呢？嗯，当地面被夏季的太阳加热后，潮湿的空气上升时，积雨云就开始形成。到了下午，它们就完全做好了准备。

雨里的小钉子

你知道那种感觉，是吗？小雨滴像细针一样击打着皮肤。是的，它有时甚至可能像钉子一样"刺人"。

在人马座系外行星OGLE-TR-56上，大气主要由铁原子组成。因此，当那里下雨时，掉落的确实是铁，或许真的是小钉子的形态。谁知道呢？

防雷秘笈

你必须对雷电有所敬畏。不过你也应该知道，一个人被雷击中是比较罕见的。

那么你应该怎样保护自己呢？积雨云放电就会形成闪电，闪电更喜欢在地面和云之间寻找最短的路线，所以你要避免成为附近的最高点（或待在最高点附近）。比如，在平坦的湖面上，你就很容易成为附近的最高点。如果你坐在船上，那你必须迅速向陆地移动。闪电有可能击中水面，所以不要游泳。足球场像湖面一样平坦开阔，所以那也不是什么避雷的理想地点。

即使已经开始下雨，也不要躲在高大的树下。当然，你更不应该爬到山顶上。原则上，待在室内总是最安全的，坐在车里也能给你提供一些保护。不过，橡胶鞋底根本不是防雷的，尽管有些人这么认为。

你开始瑟瑟发抖了吗？在下一节中，你会了解到有关温度的内容。赶快去吧！

暖空气上升

温暖和寒冷

很少有人会把"现在真的是暖和得恰到好处"挂在嘴边，因为我们基本不会注意到这一点。但是如果我们感觉有点儿冷或者开始出汗，那么我们立刻会有所觉察。温度对我们的作用到底是怎样的呢？

地球上最热的地方

地球的最热点存在于地球内部，但从地表上看，有不少沙漠地区，包括撒哈拉沙漠，都可以争夺这一称号。截至2020年，地表最高气温的纪录为56.7℃，这个温度是1913年7月在美国的莫哈韦沙漠测量到的。测量的确切位置是死谷的炉溪谷地。细细品味一下这些名字吧——"死谷"的"炉溪"。

什么是热量?

分子在不断运动。它们运动得越剧烈，相互推动也就越多，产生的热量就越多。这有点儿像节日前一天商店里挤满了人，你会觉得又热又烦躁。

热量以不同的方式传播：方式一，通过辐射——在寒冷的冬日，阳光照在你的脸上时，周围的空气寒冷，但脸颊皮肤上的分子从阳光中获取能量并开始相互碰撞；方式二，通过传导，比如如果你忘记戴隔热手套，汤锅的热量就会转移到你的手上；方式三，通过对流，这发生在液体或气体中，例如暖空气上升时会加热周围的空气。

冷，实际上只是缺乏热量。分子运动得越少，物体就越冷。

绝对零度

热真的是没有上限，分子总是可以多运动一点儿。冷就不一样了。当所有的分子都在某一刻不再运动的时候，一切都停止了。不能比这更冷了。那到底有多冷? -273.15℃。

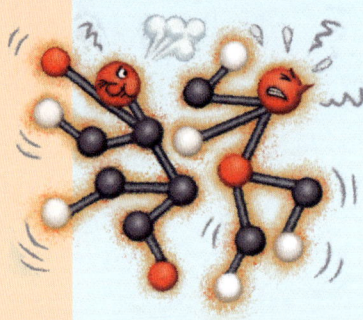

磁北极

指北针的指针并不指向北极，而是指向磁北极（每年移动约50千米）。它为什么会移动呢？嗯，地球内部有大量的液态铁，铁是具有磁性的，所以磁北极会跟随地球内部铁的运动而移动。

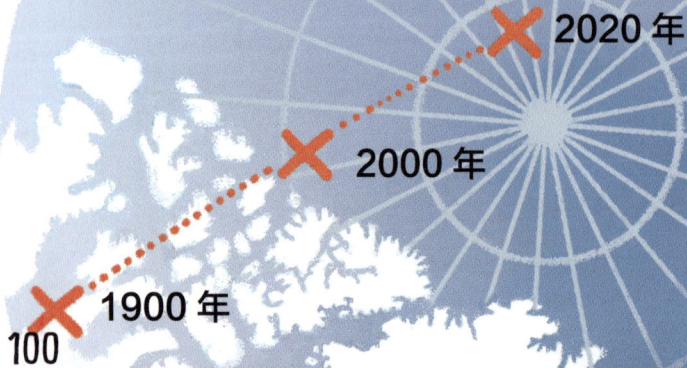

✕ 2020 年

✕ 2000 年

✕ 1900 年

地球上最冷的地方

两极地区是地球上最冷的区域。北极点之下只有冰和海洋，没有陆地。南极点之下是南极大陆。

南极洲的沃斯托克科学考察站（东方站）曾记录到地球上的最低气温：-89.2℃。

宇宙中最冷的地方

旋镖星云（位于半人马座）是宇宙中最冷的地方（目前所知）。那里的温度约为-272℃，仅比绝对零度高1℃多。那里的分子运动得很慢。

夏季 春季 冬季 秋季

为什么地球上会有不同的季节？

季节变化的原因很简单。地球是倾斜着旋转的。当北半球正午太阳高度角最大时，那里是夏季，南半球是冬季——当然，反之亦然。

太阳

远日点
1.521亿千米

近日点
1.471亿千米

与太阳的距离

地球绕太阳运行的轨道呈椭圆形。所以，有时地球离太阳更远一点儿，有时更近一点儿。这在温度上会有所体现吗？

这个差异其实很小。此外，地球绕太阳转一圈需要一整年，所以近日点（当我们离太阳最近的时候地球在轨道上的位置）总是在1月初出现，远日点（当我们离太阳最远的时候地球在轨道上的位置）总是在7月初出现。顺便说一句，在近日点，地球的公转速度是最快的。

四季

在赤道附近，全年气温大致相同，而我们所在的温带地区有不同的季节。因此，根据一年中的季节变化去安排作息就显得格外重要。人们必须知道春天过去多久就应该开始播种。

除了太阳的升起和落下，自然界还有很多关于季节的线索。例如，候鸟秋天飞向南方，春天返回。如果你知道不同物种迁徙（动物按照季节搬家）的习惯，你就会对春天和秋天有更深入的了解。

如今，大多数人将一年分为四个季节，每个季节有3个月，其中3月是春天的第一个月。但气象学家却是从温度考虑的：当平均温度连续5天高于10℃时，春天就开始了。

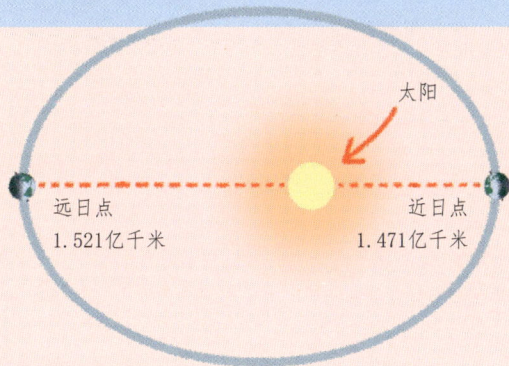

不同行星的自转轴倾角

水星0.03°　金星2.6°　地球23.5°　火星25.2°　木星3.1°　土星26.7°　天王星98°　海王星28.3°

其他行星有季节吗？

火星、土星和海王星的自转轴倾角与地球相似，因此它们也会有不同的季节。海王星的轨道周期如此之长，以至于每个季节的时间有40多个地球年那么漫长。水星、金星和木星的自转轴倾角非常小，因此它们几乎没有季节变化。天王星的自转轴倾斜得那么厉害，整个行星似乎都侧躺着，这使得谈论季节变得很困难。

你知道吗？现在这本书只剩下最后一个章节了。它会是关于什么的呢？

太空中的未来

地球是我们的家园。但是，如果我们想要——或者不得不——从这里搬走，该怎么办？这行得通吗？人类可以在太空中生存和生活吗？跟随本书的最后一段旅程，去未来看看吧。

我们必须搬家吗？

据说，所有有足够智慧的生物迟早都会毁灭自己的家园星球，甚至就连他们也无法幸免于难。坦率地说，这听起来不太聪明。

地球上的人类创造了很多致命的武器，人口数量越来越多，而地球的资源是有限的。此外，我们正在以很快的速度破坏我们生存的环境。

但这实际上是我们可以自己选择的。我们可以选择结束战争，减少对气候的破坏。大多数专家认为，人口数量将在50年后趋于平稳。

如果我们选择变得更聪明，我们可能就不需要因为上述这些原因而搬家了。但是人们仍然很好奇，并想要了解更多更新的东西。人类的未来可能既在地球上也在太空中，这是一个令人兴奋的想法。

那些最初的步伐

那些希望人类有一天能生活在其他星球上的人，几乎总是将目光锁定火星。它是一颗温度适中的岩石行星，与太阳的距离也合适。但是，如果我们要在火星上开辟人类的疆土，我们可能需要分几步进行。我们的计划大致是这样的：

① 空间站

我们已经在绕地轨道上建立了数个空间站，但现在我们可能需要一个更远一点儿的空间站——在绕月轨道上。

从这里出发，我们可以进行更频繁的月球探险，还可以演练如何在地外天体上停留一段时间——可不仅仅是几天而已。到现在为止，人们大多是在地球上的沙漠中做这件事，但在月球上情况会很不一样。

空间站的功能有点儿像用于长途旅行的加油站（或充电站）。在太空中飞行时，宇宙飞船的大部分能量被用于克服地球的重力，而从太空出发的飞船就几乎不需要那么强劲的火箭了。随着时间的推移和科技的进步，空间站可以根据需要添加新的模块。

② 月球基地

要去火星旅行，我们可没法带上所有需要的东西，很多物资要在火星解决，比如食物、水源和氧气。另外，我们还需要为车辆、信息系统和其他设备提供动力的某种形式的可再生能源，以及针对宇宙辐射和流星侵袭的防护装置。

我们可以先在月球上进行测试。也许我们可以在月球熔岩管中建造一个有保护措施的基地，并使用来自月球的材料3D打印基地的一部分，以避免从地球运送所有物资。如果空间站出现问题，月球基地也可以用作应急营地。

③ 火星基地

在南极洲（当然是地球上的）恶劣的气候中，科学家们可以在科学考察站里居住多年。有时很难将食物等补给物资送到那里——如果发生了什么意外，他们也不可能打个电话就能马上得到援助。这很像火星上的太空基地，只是在那里，一切都更加棘手。据推测，我们必须首先进行几次较短的火星旅行（停留的时间短）：一方面是为了运送材料并开始建造基地，另一方面是为了在第一批人类移民火星前验证测试中的一切在现实中都可以正常运转。

最终，我们会在太阳系中拥有一个跳板，帮助人类抵达更远的星球。也许接下来会在木星或土星的卫星上建立新的太空基地。

太空食物

火星和月球上都有水，问题是如何获取它，因为那里的水不在河流、湖泊中流动。食物是个更大的问题，最聪明的办法是在太空温室里自己种植。这样做的一大优势是不会只得到食物。还记得光合作用吗？在光合作用过程中，植物不需要氧气，还会将生成的氧气释放到空气中，而我们可以在温室里直接吸入氧气，然后呼出我们不需要的二氧化碳，植物刚好需要它。

由此创建一个人和植物互相帮助的封闭循环系统，这个系统可以在月球或火星上的太空基地解决水源、食物和氧气问题。但在实践中这真的可行吗？好吧，我们必须现场尝试一下才知道。

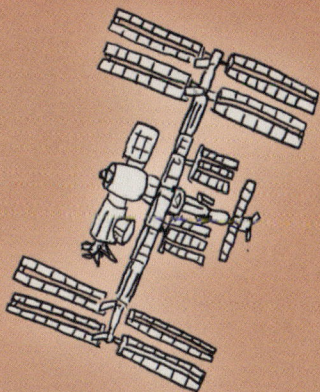

比火星更远……

在未来，如果纳米探测器的研究进展顺利，它也许能够在20年至30年内到达外太空。

纳米探测器大小只有几厘米。即便如此，它也可以携带照相机、通信设备、电池和一个小型导航装置（以便它找到正确方向）。它没有引擎——取而代之的是一个超级薄的大帆。人们的想法是：先将探测器发送到地球上空，然后用地球上的大型激光器瞄准它的帆，并以令人眩晕的速度激发探测器！在太空中，没有阻力可以让它减速，所以一旦探测器获得动力，它就会以同样的速度继续前进。

如果这种方法行得通，也许有一天我们能够用更大的飞船做同样的事情。那么，突然间，外太空就变得触手可及了。

最后……

地球是我们的家园。无论太空家园多么激动人心，我们都还没有准备好移民到那里。幸运的是，我们暂时并不着急。地球至少还有1亿年到20亿年的时间是适合生存的——如果我们以应有的方式保护我们的星球。

你是否碰巧认识一些对我们美丽的地球满怀好奇心的外星人？现在你已经读过这本书了，我希望你会发现你能更容易地回答他们的问题——那些关于地球和人类的问题。

他们想来访问吗？没问题，只需要告诉他们在室女座超星系团本星系群的银河系边缘寻找就可以了。在这里他们应该能够看到包裹着本星际云的本地泡。我们的太阳系有一个绚丽的黄色太阳，环绕它的第三颗行星就是地球，你就在这里等待他们的来访。

他们不会迷路的。

南天星座图
（以南天极为中心）

牧夫座
室女座
狮子座
乌鸦座
巨蟹座
长蛇座
天秤座
半人马座
船帆座
六分座
双子座
武仙座
豺狼座
南十字座
船尾座
小犬座
蛇夫座
天蝎座
南三角座
矩尺座
船底座
大犬座
孔雀座
南极座
天鸽座
天鹰座
猎户座
天燕座
摩羯座
天鹤座
凤凰座
波江座
金牛座
宝瓶座
鲸鱼座
双鱼座
白羊座
飞马座